L'ENFER

PARIS
IMPRIMERIE DE J. CLAYE,
RUE SAINT-BENOIT, 7.

L'ENFER

DU

DANTE

TRADUIT EN VERS

PAR

LOUIS RATISBONNE

> Vagliami 'l lungo studio e 'l grande amore
> Che m'han fatto cercar lo tuo volume.
>
> ENFER, chant I.

TOME DEUXIÈME

PARIS

MICHEL LÉVY FRÈRES, LIBRAIRES-ÉDITEURS

RUE VIVIENNE, 2 BIS

—

1854

ARGUMENT DU CHANT XVIII.

Dante et Virgile sont descendus dans le huitième cercle, le cercle de la fourbe appelé Malebolge (fosses maudites). Il est divisé en dix fossés concentriques creusés sur un plan incliné et aboutissant à un puits large et profond. Des rochers s'élèvent en arc au-dessus de ces fossés et les relient entre eux jusqu'au puits qui les termine. Descendu du dos du monstre Géryon, Dante s'engage avec Virgile sur ce pont naturel, et sous ses arches il va voir circuler successivement les damnés des dix *bolges* ou fossés.

Dans le premier bolge, les pécheurs marchent ou plutôt ils courent harcelés et fouettés par des démons. Dante reconnaît un citoyen de Bologne, une sorte de fourbe entremetteur qui avait fait marché de sa sœur. Plus loin, au milieu des fourbes qui ont pratiqué la séduction, Jason se fait remarquer par son grand air et sa royale attitude.

Les deux poëtes en suivant toujours le pont de rochers atteignent le second bolge, hideux cloaque d'immondices où sont plongés les flatteurs.

INFERNO

CANTO DECIMOTTAVO

Luogo è inferno detto Malebolge,
Tutto di pietra e di color ferrigno,
Come la cerchia, che d'intorno 'l volge.

Nel dritto mezzo del campo maligno
Vaneggia un pozzo assai largo e profondo,
Di cui suo luogo conterà l'ordigno.

Quel cinghio, che rimane, adunque è tondo,
Tra 'l pozzo, e 'l piè dell'alta ripa dura,
Ed ha distinto in dieci valli 'l fondo.

Quale, dove per guardia delle mura
Più, e più fossi cingon li castelli,
La parte dov'ei son rendon sicura:

L'ENFER

CHANT DIX-HUITIÈME

Il est dedans l'Enfer une sombre carrière :
Malebolge est son nom, de couleur fer, en pierre,
Et telle que l'enceinte arrondie à l'entour.

Dans le milieu précis de la plaine livide,
D'un puits large et profond l'œil mesure le vide ;
En son lieu j'en dirai la structure et le tour.

L'enceinte qui s'étend du puits, gorge profonde,
Jusqu'au pied de la roche, est, je le disais, ronde
Et dix fossés distincts s'en partagent le fond.

Tels, pour garder les murs des hautes citadelles,
Ces fossés que l'on creuse en grand nombre autour d'elles,
Protégeant tous les points et de flanc et de front :

Tale immagine quivi facean quelli :
E come a tai fortezze da' lor sogli
Alla ripa di fuor son ponticelli,

Così da imo della roccia scogli
Movén, che ricidean gli argini e i fossi
Infino al pozzo, ch'ei tronca, e raccogli.

In questo luogo, dalla schiena scossi
Di Gerion, trovammoci : e 'l Poeta
Tenne a sinistra, ed io dietro mi mossi.

Alla man destra vidi nuova piéta,
Nuovi tormenti, e nuovi frustatori,
Di che la prima bolgia era repleta.

Nel fondo erano ignudi i peccatori :
Dal mezzo in qua ci venian verso 'l volto,
Di là con noi, ma con passi maggiori :

Come i Roman, per l'esercito molto ;
L'anno del giubbileo, su per lo ponte,
Hanno a' passar la gente modo tolto :

Che dall'un lato tutti hanno la fronte
Verso 'l castello, e vanno a santo Pietro :
Dall' altra sponda vanno verso 'l monte.

Tels ces gouffres ici cavés de même sorte.
Et comme aussi les ponts-levis qui de la porte
Au bord extérieur mènent en s'abaissant :

De même, au pied du mur nous offrant une marche,
Sur chaque fosse un pont de rochers, comme une arche,
Montait, et jusqu'au puits allait aboutissant.

C'est là que nous étions, quand du dos de la bête
Nous fûmes brusquement mis à bas : le poëte
Marcha, tournant à gauche et par moi fut suivi.

A main droite, je vis alors larmes nouvelles,
Nouveaux bourreaux, douleurs neuves et plus cruelles
Dont le premier fossé me parut tout rempli.

Les pécheurs étaient nus au fond de la tranchée :
Une moitié venait vers nous, l'autre cachée
Cheminait avec nous, mais d'un pas plus pressé.

Tel, l'an du jubilé, les Romains, quand la foule
Couvre tout le grand pont et lentement s'écoule,
S'avancent dans un ordre à l'avance fixé :

D'un côté marchent ceux qui s'en vont à saint Pierre,
Et ceux qui revenant de dire leur prière
Retournent vers le mont, vont sur un autre rang.

Di qua, di là, su per lo sasso tetro
Vidi Dimon cornuti con gran ferze,
Che li battean crudelmente di retro.

Ahi come facean lor levar le berze
Alle prime percosse! e già nessuno
Le seconde aspettava, nè le terze.

Mentr'io andava, gli occhi miei in uno
Furo scontrati, ed io sì tosto dissi:
Già di veder costui non son digiuno.

Perciò a figurarlo gli occhi affissi:
E 'l dolce Duca meco si ristette,
Ed assentì, ch' alquanto indietro gissi:

E quel frustato celar si credette,
Bassando 'l viso, ma poco gli valse:
Ch'io dissi: Tu, che l' occhio a terra gette,

Se le fazion, che porti, non son false,
Venedico se' tu Caccianimico;
Ma che ti mena a sì pungenti salse?

Ed egli a me: Mal volentier lo dico:
Ma sforzami la tua chiara favella,
Che mi fa sovvenir del mondo antico.

CHANT XVIII.

De çà, de là, debout sur les noirâtres berges,
D'affreux démons cornus, avec de grandes verges,
Quant les pécheurs passaient, les fouettaient jusqu'au sang.

Ah! ces infortunés, comme ils levaient les jambes!
Au premier coup de gaule ils s'enfuyaient ingambes,
Et pas un n'attendait le cadeau d'un second.

Tandis que je marchais à côté de mon maître,
J'en vis un tout à coup que je crus reconnaître :
« J'ai, dis-je, vu cet homme ailleurs qu'en ce bas fond. »

Et je tenais mes yeux fixés sur son visage.
Aussitôt près de moi s'arrête mon doux sage
Et me laisse en arrière aller de quelques pas.

Le flagellé baissait la tête avec contrainte,
Essayant d'éviter mon regard : vaine feinte!
Je lui criai : « Toi là, qui portes le front bas,

Si tes traits ne sont pas trompeurs, spectre d'un homme,
C'est Caccianamico Venedic qu'on te nomme!
Dans ce bassin de fiel quel crime payes-tu? »

Et le pécheur à moi : « J'aimerais mieux me taire,
Mais je me sens contraint par ta voix pure et claire
Qui me fait souvenir du monde où j'ai vécu.

CANTO XVIII.

I' fui colui, che la Ghisola bella
Condussi a far la voglia del Marchese,
Come che suoni la sconcia novella

E non pur' io qui piango Bolognese:
Anzi n'è questo luogo tanto pieno,
Che tante lingue non son' ora apprese

A dicer sipa, tra Savena e 'l Reno:
E se di ciò vuoi fede, o testimonio,
Recati a mente il nostro avaro seno.

Così parlando il percosse un demonio
Della sua scuriada, e disse, via
Ruffian, qui non son femmine da conio.

I' mi raggiunsi con la scorta mia:
Poscia con pochi passi divenimmo
Dove uno scoglio de la ripa uscìa.

Assai leggeramente quel salimmo,
E, volti a destra sopra la sua scheggia,
Da quelle cerchie eterne ci partimmo.

Quando noi fummo là, dov'ei vaneggia
Di sotto, per dar passo agli sferzati,
Lo Duca disse: Attienti, e fa che feggia

CHANT XVIII.

C'est moi, quoi qu'on ait dit sur cette immonde histoire,
Qui poussai Ghisola, prompte, hélas! à me croire,
A céder aux désirs du marquis d'Obizzo.

Bologne a plus d'un fils ici qui souffre et pleure.
Ce gouffre en est si plein, que, peut-être, à cette heure,
Moins de bouches, depuis la Savène au Réno, (1)

Parlent en écorchant le *si* (2) dans leur langage.
De ma véracité faut-il un témoignage?
Rappelle à ton esprit combien l'or nous est cher. »

Il me parlait encor, quand un démon s'élance,
Et lui cinglant les reins d'un coup de fouet : « Avance,
Rufien, on ne vend plus de femmes en enfer! »

Le damné s'éloigna ; je rejoignis mon guide.
Après quelques instants d'une marche rapide,
Un roc s'offrit à nous qui s'élevait du bord.

Sur ce pont escarpé qu'aisément nous gravîmes
Nous tournâmes à droite au-dessus des abîmes,
Laissant derrière nous cette enceinte de mort.

Quand nous fûmes au point où la roche sauvage
Fait voûte aux fustigés pour leur donner passage,
Mon maître dit : « Arrête, et regarde-les tous,

Lo viso in te di quest'altri mal nati,
A' quali ancor non vedesti la faccia,
Perocchè son con noi insieme andati.

Dal vecchio ponte guardavam la traccia,
Che venia verso noi dall'altra banda,
E che la ferza similmente schiaccia.

Il buon Maestro, senza mia dimanda,
Mi disse: Guarda quel grande, che viene,
E per dolor non par lagrima spanda,

Quanto aspetto reale ancor ritiene!
Quegli è Jason, che per cuore, per senno,
Li Colchi del monton privati fene.

Ello passò per l'isola di Lenno,
Poi che l'ardite femmine spietate,
Tutti li maschi loro a morte dienno.

Ivi con segni, e con parole ornate
Isifile ingannò, la giovinetta,
Che prima tutte l'altre avea 'ngannate.

Lasciolla quivi gravida, e soletta;
Tal colpa a tal martíro lui condanna:
Ed anche di Medea si fa vendetta.

CHANT XVIII.

Ces autres condamnés dont la peine est semblable
Et dont tu n'as pu voir encor le front coupable
Parce qu'ils avançaient du même sens que nous ! »

Et du vieux pont alors nous regardons la file
Qui de l'autre côté vient vers nous et défile
Et que sanglent aussi les noirs fustigateurs.

Le bon maître, sans même attendre ma demande,
Me dit : « Vois arriver cette ombre, la plus grande,
Qui passe, le front haut, en dévorant ses pleurs.

Quel air de roi demeure empreint sur son visage !
C'est Jason : sa prudence égale à son courage
Ravit la Toison d'Or à Colchos autrefois.

Il passa par Lemnos après la nuit impie
Où, les femmes de l'île unissant leur furie,
Les hommes furent tous massacrés à la fois.

Par sa feinte et ses soins et sa tendre éloquence,
De la jeune Hypsiphile il trompa l'innocence,
Comme elle avait trompé la rage de ses sœurs.

Il l'abandonna là seule et près d'être mère.
Ce péché le condamne à cette peine amère,
Et Médée est vengée aussi de ses douleurs. (3)

Con lui sen' va, chi da tal parte inganna :
E questo basti della prima valle
Sapere, e di color, che 'n sè assanna.

Già eravam là 've lo stretto calle
Con l'argine secondo s'incrocicchia,
E fa di quello ad un altr'arco spalle.

Quindi sentimmo gente, che si nicchia
Nell'altra bolgia, e che col muso sbuffa,
E sè medesma con le palme picchia.

Le ripe eran grommate d'una muffa,
Per l'alito di giù, che vi s'appasta,
Che con gli occhi, e col naso facea zuffa.

Lo fondo è cupo sì, che non ci basta
Luogo a veder, senza montare al dosso
Dell'arco, ove lo scoglio più sovrasta.

Quivi venimmo, e quindi giù nel fosso
Vidi gente attuffata in uno sterco,
Che dagli uman privati parea mosso :

E mentre ch'io laggiù con l'occhio cerco,
Vidi un col capo sì di merda lordo,
Che non parea, s'era laico, o cherco.

Qui trompe comme lui, comme lui marche et souffre.
Mais nous avons assez regardé dans ce gouffre,
Et tu sais maintenant les pécheurs qu'il contient.

Nous arrivions au point où notre route étroite
Avec le second bord s'entre-croise, et s'emboîte
Sur un deuxième pont qu'elle épaule et soutient.

Et voici que j'entends de la fosse prochaine
Geindre et souffler du nez toute une foule humaine
Qui se frappe du poing, se tord et se débat.

Sur les noires parois s'est durcie e collée
Une épaisse vapeur montant de la vallée,
Qui repousse à la fois la vue et l'odorat.

Le gouffre est si profond, que pour voir dans l'abîme,
Il faut escalader le pont jusqu'à la cime,
Au point où le rocher s'élève plus altier.

J'y parvins, et, penché sur la fosse profonde,
Je vis des gens couchés dans un fumier immonde
Qui semblait le *privé* de l'univers entier.

Et, tandis que mes yeux plongeaient dans ces souillures,
J'aperçus un damné le front si plein d'ordures,
Qu'on ne pouvait savoir s'il était clerc ou non.

Quei mi sgridò: Perchè se tu sì 'ngordo
Di riguardar più me, che gli altri brutti?
Ed io a lui: Perchè se ben ricordo,

Già t'ho veduto, co' capelli asciutti,
E se' Alessio Interminei da Lucca:
Però t'adocchio più, che gli altri tutti.

Ed egli allor, battendosi la zucca:
Quaggiù m'hanno sommerso le lusinghe,
Ond' i' non ebbi mai la lingua stucca.

Appresso ciò lo Duca: Fa che pinghe,
Mi disse, un poco 'l viso più avante,
Sì che la faccia ben con gli occhi attinghe

Di quella sozza scapigliata fante,
Che là si graffia con l'unghie merdose,
Ed or s'accoscia, ed ora è in piede stante:

Taida è la puttana, che rispose
Al drudo suo, quando disse, Ho io grazie
Grandi appo te, anzi maravigliose:

E quinci sien le nostre viste sazie.

CHANT XVIII.

Il cria : « Dans la fange où le flatteur se vautre,
Pourquoi me regarder, moi, plutôt que tout autre ? »
— « Parce que, si j'ai bon souvenir de ton nom,

Je t'ai vu des cheveux moins mouillés sur la nuque.
N'es-tu pas Alexis Interminel de Lucque ?
Voilà pourquoi mes yeux sur toi restent fixés. »

A ces mots, se frappant la tête, l'ombre crie :
« C'est là que m'a plongé l'ignoble flatterie,
Dont ma lèvre et mon cœur ne se sont point lassés.

Mon guide intervenant alors : « Porte ta vue,
Dit-il, un peu plus loin dans la sombre étendue,
Et reconnais, là-bas, dans le hideux contour,

Les traits de cette fille immonde, échevelée,
Qui se déchire avec sa griffe maculée,
S'accroupissant et puis se dressant tour à tour.

C'est la fille Thaïs, la courtisane infâme (4),
Répondant au galant qui disait : Chère femme !
Ton amour est-il grand ? — Il est prodigieux !

Mais, viens ! n'avons-nous pas rassasié nos yeux ? »

NOTES DU CHANT XVIII

1. Rivières de l'État de Bologne.

2. Au lieu de *si* oui ou de *sia* soit, les Bolonais disent **sipa**.

3. Médée, que Jason avait aussi abandonnée.

4. Thaïs, la courtisane que Térence met en scène dans l'Eunuque.

ARGUMENT DU CHANT XIX.

Arrivée au troisième bolge, où sont enfermés les simoniaques qui trafiquent des choses saintes. Ils sont plongés dans des trous étroits, la tête en bas, les pieds en l'air et flambants. A mesure qu'un pécheur arrive, comme un clou chasse l'autre, il pousse plus au fond celui qui l'a précédé. Virgile porte Dante jusqu'au bord d'un de ces trous, d'où sortent les jambes d'un damné qui s'agite plus violemment que les autres. C'est le pape Nicolas III. En entendant approcher Dante, il le prend pour Boniface VIII qui lui a succédé sur la terre et qui doit aussi le rejoindre et prendre sa place en enfer. Le poëte le détrompe, et ne pouvant contenir son indignation il accable d'énergiques imprécations le pontife prévaricateur.

CANTO DECIMONONO

O Simon mago, o miseri seguaci,
Che le cose di Dio, che di bontate
Deono essere spose, voi rapaci,

Per oro e per argento adulterate;
Or convien che per voi suoni la tromba
Perocchè nella terza bolgia state.

Già eravamo alla seguente tomba
Montati, dello scoglio in quella parte
Ch' appunto sovra 'l mezzo fosso piomba.

O somma Sapienza, quant' è l'arte,
Che mostri in Cielo, in terra, e nel mal mondo,
E quanto giusto tua virtù comparte!

CHANT DIX-NEUVIÈME

Magicien Simon (1), et vous tous misérables,
Qui, des choses de Dieu, grâces inviolables,
Épouses de vertu, faites, cœurs de vautour,

Pour or et pour argent un trafic adultère!
Ma trompette pour vous va sonner sur la terre :
Je vous ai vus damnés au troisième contour !

Déjà notre œil plongeait au fond d'une autre tombe ;
Nous étions sur un point du rocher qui surplombe
Le milieu de la fosse ouverte à nos regards.

O Dieu, que ta sagesse est sublime et profonde,
Sur terre et dans le ciel et dans le mauvais monde!
Comme avec équité ta grâce fait les parts!

I' vidi per le coste, e per lo fondo,
Piena la pietra livida di fori,
D'un largo tutti, e ciascuno era tondo.

Non mi parean meno ampi, nè maggiori
Che quei che son nel mio bel san Giovanni
Fatti per luogo de' battezzatori.

L'un delli quali, ancor non è molt'anni,
Rupp'io per un, che dentro v'annegava:
E questo fia suggel, ch'ogni uomo sganni.

Fuor della bocca a ciascun soperchiava
D'un peccator li piedi, e delle gambe
In fino al grosso, e l'altro dentro stava.

Le piante erano accese a tutti intrambe:
Perchè si forte guizzavan le giunte,
Che spezzate averian ritorte e strambe.

Qual suole il fiammeggiar delle cose unte
Muoversi pur su per l'estrema buccia,
Tal' era li da' calcagni alle punte.

Chi è colui, Maestro, che si cruccia,
Guizzando più che gli altri suoi consorti,
Diss'io, e cui più rossa fiamma succia?

CHANT XIX.

Des trous étaient creusés dans la livide pierre,
Au fond, sur les parois, sur la surface entière,
Tous de même largeur, tous également ronds.

Ils me semblaient égaux, en leur circonférence,
A ces bassins de marbre admirés à Florence,
Qui dans mon beau Saint-Jean servent aux sacrés fonts,

Et que j'ai violés pour sauver, qu'on le sache,
L'enfant qui s'y noyait : que d'une injuste tache,
Par ce mot, en passant, mon honneur soit vengé ! (2)

Pendant à découvert hors de chaque orifice,
Quelque damné montrait le pied jusqu'à la cuisse
Et le reste du corps au fond gisait plongé !

Et tous ces pieds brûlaient, lançant, dans leurs tortures,
Des coups si furieux qu'ils brisaient leurs jointures,
Et qu'ils auraient rompu les fers les plus étroits.

De même un feu qui mord un corps enduit de graisse :
A l'extrême surface il s'élève et s'abaisse ;
La flamme allait, courait des talons jusqu'aux doigts.

« Quel est ce forcené, mon maître, qui s'agite
Plus que ses compagnons dans sa fosse maudite,
Et que sucent des feux plus ardents, plus vermeils ? »

Ed egli a me : Se tu vuoi, ch'i' ti porti
Laggiù per quella ripa, che più giace,
Da lui saprai di se, e de' suoi torti.

Ed io : Tanto m'è bel, quanto a te piace :
Tu se' signore, e sai, ch'i' non mi parto
Dal tuo volere, e sai quel, che si tace.

Allor venimmo in su l'argine quarto :
Volgemmo, e discendemmo a mano stanca
Laggiù nel fondo foracchiato ed arto.

E 'l buon Maestro ancor dalla sua anca
Non mi dipose, sin mi giunse al rotto
Di quei che sì piangeva con la zanca.

O qual che se', che 'l di su tien di sotto,
Anima trista, come pal commessa,
Comincia' io a dir, se puoi, fa motto.

Io stava come 'l frate, che confessa
Lo perfido assassin, che poi ch'è fitto,
Richiama lui, perchè la morte cessa :

Ed ei gridò : Se' tu già costì ritto,
Se' tu già costì ritto, Bonifazio ?
Di parecchi anni mi mentì lo scritto.

CHANT XIX.   23

Virgile répondit : « Si la chose t'importe,
Sur ce bord-là, plus bas, veux-tu que je te porte ?
Il te dira ses torts et ceux de ses pareils. »

Et moi : « Ton bon plaisir règle seul mon envie.
Ma volonté demeure à la tienne asservie ;
O maître, et mes pensers, tu les devines tous. »

Lors nous montons au haut de la côte prochaine,
Puis nous tournons à gauche et descendons sans peine
Jusqu'au niveau du sol partout semé de trous.

Et pressé sur le sein du bon maître qui m'aime,
J'arrivai dans ses bras jusqu'à la fosse même
Où semble avec les pieds gémir le malheureux.

« Qui que tu sois, ô toi qui te tiens renversée,
Plantée ainsi qu'un pal, ombre triste et blessée,
Lui dis-je en commençant, parle-moi, si tu peux ? »

J'étais là comme un moine au moment qu'il confesse
Le brigand qui l'appelle et rappelle sans cesse
Au bord du trou fatal, pour retarder la mort.

« Est-ce toi, cria l'ombre, est-ce toi qui prends place ?
Ici déjà debout ! Est-ce toi, Boniface ?
Sur toi, de plusieurs ans, m'a donc menti le sort ?

Se' tu sì tosto di quell'aver sazio,
Per lo qual non temesti torre a' inganno
La bella donna, e di poi farne strazio?

Tal mi fec'io, quai son color, che stanno
Per non intender ciò, ch'è lor risposto,
Quasi scornati, e risponder non sanno.

Allor Virgilio disse: Dilli tosto,
Non son colui, non son colui, che credi.
Ed io risposi, com'a me fu imposto:

Perchè lo spirto tutti storse i piedi:
Poi sospirando, e con voce di pianto
Mi disse: Dunque che a me richiedi?

Se di saper ch'io sia, ti cal cotanto,
Che tu abbi però la ripa scorsa,
Sappi, ch'io fui vestito del gran manto:

E veramente fui figliuol dell'Orsa,
Cupido sì, per avanzar gli Orsatti,
Che su l'avere, e qui me misi in borsa.

Di sott'al capo mio son gli altri tratti,
Che precedetter me simoneggiando,
Per la fessura della pietra piatti.

CHANT XIX.

Es-tu rassasié si tôt de ces richesses
Qui t'ont fait sans remords surprendre les caresses
De l'angélique épouse et profaner son lit ? »

A ces mots du pécheur je me sentis confondre,
Ne pouvant le comprendre, ignorant que répondre,
Et debout près de lui je restais interdit.

Virgile dit : « Réponds à l'âme criminelle :
« Point ne suis qui tu crois et que ta bouche appelle. »
Et ce qu'il me dictait fut par moi répondu.

La jambe du pécheur se tordit convulsive,
Puis avec un soupir et d'une voix plaintive,
Il dit : « Que viens-tu faire alors? Que me veux-tu?

Il faut que ton désir soit grand de me connaître,
Pour qu'aux creux de ce val ton pied hardi pénètre ;
Sache-le donc, j'ai ceint la tiare autrefois.

Je fus, comme on l'a dit, je fus un fils de l'Ourse (3)
Et c'est pour les oursins que j'ai tout mis en bourse,
Là-haut de l'or, ici mon corps, comme tu vois.

Là, sous ma tête, gît la foule réunie
De tous ceux qu'avant moi perdit leur simonie,
Dans ce gousset de pierre entassés jusqu'au bord.

Laggiù cascherò io altresì, quando
Verrà colui, ch'io credea, che tu fossi,
Allor ch'i' feci il subito dimando.

Ma più è 'l tempo già, che i piè mi cossi,
E ch'io son stato così sottosopra,
Ch'ei non starà piantato co' piè rossi:

Che dopo lui verrà di più laid'opra,
Di ver ponente un pastor senza legge,
Tal che convien, che lui e me ricuopra.

Nuovo Jason sarà, di cui si legge
Ne' Maccabei: e come a quel fu molle
Suo re, così fia a lui chi Francia regge.

Io non so s'i' mi fui qui troppo folle:
Ch'io pur risposi lui a questo metro:
Deh or mi di' quanto tesoro volle

Nostro Signore in prima da san Pietro,
Che ponesse le chiavi in sua balìa?
Certo non chiese, se non, Viemmi dietro.

Nè Pier, nè gli altri chiesero a Mattia
Oro, o argento, quando fu sortito
Nel luogo, che perdè l'anima ria.

CHANT XIX.

Je tomberai moi-même au fond comme les autres,
Quand viendra le pécheur qui doit être des nôtres,
Et qu'en toi j'ai cru voir quand j'ai parlé d'abord.

Mais, flambant pieds en l'air et tête dans le gouffre,
Depuis bien plus longtemps déjà je brûle et souffre,
Qu'il n'y sera planté pour de même y souffrir,

Car après lui, viendra, chargé de plus de crimes,
Un pasteur d'Occident promis à ces abîmes,
Et qui doit à son tour tous les deux nous couvrir (4).

Semblable à ce Jason qui, de son roi barbare,
Au temps de Machabée, acheta la tiare,
Par le roi de la France il sera protégé. »

Je ne sais si je fus de moi-même assez maître,
Mais je lui répondis : « Çà, dis-moi, mauvais prêtre !
Quel argent, quel trésor avait donc exigé

Notre Seigneur Jésus quand aux mains de saint Pierre
Il remit les deux clefs du beau ciel de son Père?
Certe, il ne lui dit rien que ce seul mot : Suis-moi !

Ont-ils, à prix d'argent, vendu, Pierre et les autres,
Sa place à Mathias au milieu des apôtres,
Quand Judas l'eut perdue en trahissant sa foi?

Però ti sta, chè tu se' ben punito,
E guarda ben la mal tolta moneta,
Ch' esser ti fece contra Carlo ardito.

E se non fosse, ch'ancor lo mi vieta
La reverenzia delle somme chiavi,
Che tu tenesti nella vita lieta,

L' userei parole ancor più gravi;
Che la vostra avarizia il mondo attrista,
Calcando i buoni, e sollevando i pravi.

Di voi pastor s' accorse il Vangelista,
Quando colei, che siede sovra l' acque,
Puttaneggiar co' regi, a lui fu vista:

Quella, che con le sette teste nacque,
E dalle diece corna ebbe argomento,
Fin che virtute al suo marito piacque.

Fatto v' avete Dio d' oro, e d' argento:
E che altro è da voi all' idolatre,
Se non ch' egli uno, e voi n' orate cento?

Ahi, Costantin, di quanto mal fu matre,
Non la tua conversion, ma quella dote,
Che da te prese il primo ricco Patre!

Pape, reste donc là, souffre un juste supplice,
Et garde bien cet or acquis par l'injustice
Qui t'a rendu hardi contre Charle, autrefois! (5)

Et n'était le respect qui près de toi m'enchaîne
Pour ces augustes clefs que ta main souveraine
Tenait dans le doux monde à l'ombre de la Croix,

Ma voix serait encor plus rude et plus sévère;
Car votre avidité fait le deuil de la terre,
Foulant aux pieds les bons, élevant les pervers.

Saint Jean songeait à vous, quand parut à sa vue,
Impure courtisane au lit des rois vendue,
Celle qui se tenait assise sur les mers,

Qui portait en naissant sept têtes et dix cornes
Et devait y puiser une force sans bornes
Avec un époux digne et comme elle innocent (6).

L'or et l'argent, voilà les dieux que vous vous faites!
Vous damnez les païens; ils sont ce que vous êtes.
Que dis-je? ils n'ont qu'un dieu; vous, vous en priez cent! (7)

Ah! Constantin, quels maux nous préparait d'avance
Non ta conversion, mais ta munificence
Qui dota le premier des papes opulents! »

E mentre io gli cantava cotai note,
O ira, o coscienzia, che il mordesse
Forte spingava con ambo le piote.

I' credo ben, ch' al mio Duca piacesse,
Con sì contenta labbia sempre attese
Lo suon delle parole vere espresse.

Però con ambo le braccia mi prese,
E poi che tutto su mi s'ebbe al petto,
Rimontò per la via, onde discese:

Nè si stancò d'avermi a sè ristretto,
Sin men' portò sovra 'l colmo dell'arco,
Che dal quarto al quinto argine è tragetto

Quivi soavemente spose il carco
Soave per lo scoglio sconcio ed erto,
Che sarebbe alle capre duro varco:

Indi un altro vallon mi fu scoverto.

CHANT XIX.

Et comme sur ce ton je lui chantais ma gamme,
Soit l'effet du remords, soit de rage, l'infâme
Gambillait, et plus fort tordait ses pieds brûlants.

Virgile à m'écouter paraissait se complaire.
Heureux, il souriait aux accents de colère
Qui s'échappaient si vrais hors d'un cœur tout ardent.

Il m'ouvre ses deux bras, sur son sein avec joie
Me presse, et promptement remonte par la voie
Que nous avions d'abord suivie en descendant.

Et toujours me tenant, il arrive à la cime
De l'arche qui s'étend au-dessus de l'abîme
Et va du quatrième au cinquième plateau.

Là, doucement, à terre il dépose sa charge,
Sur la roche escarpée et dont l'étroite marge
Aurait fait hésiter le pied sûr d'un chevreau :

Et de là je plongeai sur un gouffre nouveau.

NOTES DU CHANT XIX.

1. Simon de Samarie, dit le magicien, offrit de l'argent à saint Pierre pour obtenir de lui le secret de faire des miracles : de là le nom de simonie donné au trafic des choses saintes.

2. Dante, pour sauver un enfant, avait brisé la grille qui couvrait un des fonts du baptistère de l'église Saint-Jean. Ses ennemis s'étaient empressés de l'accuser de sacrilége.

3. Le pape Nicolas III était de la famille des *Orsini* et fait allusion à ce nom.

4. Il désigne Clément V, d'abord archevêque de Bordeaux, élu pape par l'influence de Philippe le Bel après la mort de Boniface VIII en 1303, et le compare pour ce motif à Jason frère d'Osias qui reçut d'Antiochus la dignité de grand pontife.

5. Charles d'Anjou frère de saint Louis, roi de la Pouille et de la Calabre sous le nom de Charles Ier. Nicolas III lui avait fait demander une de ses nièces en mariage pour son neveu. Charles lui répondit que bien qu'il eût les pieds rouges, il n'était pas digne de s'allier avec le sang de France. Le pape irrité enleva à Charles le vicariat de la Toscane.

6. Saint Jean (*Apocal.* ch. XVII) entendit dans une de ses visions l'ange qui lui disait : « Viens, je te montrerai la damnation de la grande courtisane assise sur les eaux, qui s'est prostituée aux rois de la terre... elle a sept têtes et dix cornes. » Les sept têtes sont les sept sacrements de l'Église, les dix cornes figurent les dix commandements.

7. Les païens ont plus d'un Dieu, plus d'une idole, mais ces deux termes *un* et *cent* reproduits du texte marquent seulement ici une proportion. Le poëte veut dire : Quel que soit le nombre des idoles adorées par les païens, ils en adorent cent fois moins que vous.

ARGUMENT DU CHANT XX.

Quatrième bolge, où sont punis les sorciers et les devins, autre espèce de fourbes. Leur tête est disloquée et tournée du côté du dos, ils ne peuvent plus regarder qu'en arrière, eux qui sur la terre prétendaient voir si loin devant eux. Ils s'avancent à reculons en pleurant, et les pleurs qu'ils répandent tombent derrière eux. Virgile désigne à Dante les plus fameux d'entre ces damnés. Il retient son attention sur la sibylle Manto, qui a donné son nom à Mantoue, la patrie du poëte Romain.

CANTO VIGESIMO

Di nuova pena mi convien far versi,
E dar materia al ventesimo canto
Della prima canzon, ch'è de' sommersi.

Io era già disposto tutto quanto
A risguardar nello scoverto fondo,
Che si bagnava d'angoscioso pianto:

E vidi gente per lo vallon tondo
Venir, tacendo, e lagrimando, al passo,
Che fanno le letáne in questo mondo.

Come 'l viso mi scese in lor più basso,
Mirabilmente apparve esser travolto
Ciascun dal mento al principio del casso:

CHANT VINGTIÈME

Qu'un supplice nouveau s'ajoute à mon poëme !
Il sera le sujet de ce chant, le vingtième
De mon premier cantique aux damnés consacré.

Tout entière déjà mon âme était tendue
Sur la vallée ouverte, à mes pieds étendue,
Champ inondé de pleurs, d'angoisse dévoré.

Et je vis, par le val circulaire, une file
Qui venait en pleurant, d'un pas lent et tranquille
Telle que sur la terre une procession.

Tandis que dans le fond, plus bas plongeait ma vue,
J'admirai que chaque ombre, étrangement tordue,
En arrière du col inclinait le menton.

Chè dalle reni era tornato 'l volto,
E indietro venir li convenia,
Perchè 'l veder dinanzi era lor tolto.

Forse per forza già di parlasía,
Si travolse così alcun del tutto:
Ma io nol vidi, nè credo che sia.

Se Dio ti lasci, Lettor, prender frutto
Di tua lezione, or pensa per te stesso,
Com' io potea tener lo viso asciutto,

Quando la nostra immagine da presso
Vidi sì torta, che 'l pianto degli occhi
Le natiche bagnava per lo fesso.

Certo io piangea, poggiato a un de' rocchi
Del duro scoglio, sì che la mia scorta
Mi disse: Ancor se' tu degli altri sciocchi?

Qui vive la pietà quand' è ben morta.
Chi è più scellerato di colui,
Ch' al giudicio divin passion porta?

Drizza la testa, drizza, e vedi a cui
S' aperse agli occhi de' Teban la terra.
Perchè gridavan tutti: Dove rui

CHANT XX.

Tout leur visage était retourné par derrière,
Ils étaient obligés de marcher en arrière,
Car ils ne portaient plus devant eux leur regard.

Par l'effet violent de la paralysie
Un corps fut-il ainsi retourné dans la vie?
J'en doute, et je n'en ai jamais vu, pour ma part.

Dieu te fasse tirer bon fruit de ce poème,
Ami lecteur! mais juge, en attendant, toi-même,
Si je pouvais rester les yeux secs, les voyant

De près, ces malheureux, formés à notre image,
Si tordus que les pleurs coulant de leur visage
Ruisselaient au défaut des fesses en tombant!

Ah! certe, m'appuyant à l'angle d'une roche,
Je pleurais, et si fort, que mon guide s'approche
Et me dit : « As-tu donc aussi perdu l'esprit?

La pitié même, ici demeure impitoyable.
Quel homme est plus impie et lequel plus coupable
Qu'au jugement de Dieu celui qui s'attendrit?

Allons, lève le front : vois cet homme de guerre.
Sous les yeux des Thébains il s'abîma sous terre.
En vain ils criaient tous : où cours-tu t'engloutir

Anfiarao? perchè lasci la guerra?
E non restò di ruinare a valle
Fino a Minos, che ciascheduno afferra.

Mira, c'ha fatto petto delle spalle:
Perchè volle veder troppo davante,
Dirietro guarda, e fa ritroso calle.

Vedi Tiresia, che mutò sembiante
Quando di maschio femmina divenne,
Cangiandosi le membra tutte quante:

E prima poi ribatter le convenne
Li duo serpenti avvolti con la verga,
Che riavesse le maschili penne.

Aronta è quei, ch'al ventre gli s'atterga,
Che ne' monti di Luni, dove ronca
Lo Carrarese che di sotto alberga,

Ebbe tra bianchi marmi la spelonca
Per sua dimora: onde a guardar le stelle,
E 'l mar non gli era la veduta tronca.

E quella, che ricuopre le mammelle,
Che tu non vedi, con le treccie sciolte,
Ed ha di là ogni pilosa pelle,

CHANT XX.

Amphiaraüs? Pourquoi quittes-tu la mêlée?
Il tombait, il roulait de vallée en vallée
Jusqu'aux mains de Minos qui nous font repentir.

Regarde : au lieu du sein c'est le dos qu'il avance ;
Et pour s'être piqué de trop de clairvoyance,
Il ne voit qu'en arrière et marche à reculons.

Voici Tirésias qui changea de nature,
Et d'une femme prit le corps et la figure,
Transformé tout entier de la tête aux talons.

Il lui fallut encor, de sa verge magique,
Briser de deux serpents le couple symbolique
Pour recouvrer les traits et le sexe perdus.

Et cet autre tournant le dos à sa poitrine,
C'est Aruns (1). Dans le mont de Luni qui domine
Les champs des Carrarais à ses pieds étendus,

Au sein d'une carrière il fixa sa demeure,
Parmi les marbres blancs d'où ses yeux à toute heure
Interrogeaient la mer et le ciel étoilé.

Et cette femme-là dont les tresses flottantes
Couvrent le sein caché de nappes ondoyantes,
Et dont le corps par là d'un poil noir est voilé,

Manto fu, che cercò per terre molte,
Poscia si pose là, dove nacqu'io;
Onde un poco mi piace, che m'ascolte.

Poscia che 'l padre suo di vita uscìo,
E venne serva la città di Baco,
Questa gran tempo per lo mondo giò.

Suso in Italia bella giace un laco
Appiè dell'Alpe, che serra Lamagna,
Sovra Tiralli, ed ha nome Benaco;

Per mille fonti, credo, e più si bagna,
Tra Garda, e val Camonica, e Apennino
Dell'acqua, che nel detto lago stagna.

Luogo è nel mezzo là, dove 'l Trentino
Pastore, e quel di Brescia, e 'l Veronese
Segnar poria, se fesse quel cammino.

Siede Peschiera, bello e forte arnese,
Da fronteggiar Bresciani e Bergamaschi,
Onde la riva intorno più discese.

Ivi convien, che tutto quanto caschi
Ciò, che 'n grembo a Benaco star non può
E fassi fiume giù pe' verdi paschi.

C'est Manto qui, longtemps errante et vagabonde
Se fixa dans les lieux où je naquis au monde.
Pour l'amour du pays, or donc, écoute un peu.

Quand son père eut perdu la lumière et la vie,
Lorsque fut la cité de Bacchus asservie,
Par le monde elle erra longtemps sans feu ni lieu.

Un lac s'étend au nord de la belle Italie
Au pied des monts alpins, bordant la Germanie
Au-dessus du Tyrol : son nom est le Bénac.

De milliers de ruisseaux le tribut magnifique
Vient, entre l'Apennin, Garde et Val-Camonique,
Accroître et gonfler l'eau qui dort dans ce beau lac.

Une île est au milieu que le flot environne ;
Les pasteurs de Brescia, de Trente et de Vérone
Peuvent s'y rassembler, ont le droit d'y bénir (2).

Sur la pente où le bord s'abaisse davantage,
S'élève Peschiera, fort puissant dont l'ouvrage
A Bergame et Brescia de rempart peut servir.

C'est là que le Bénac épanche dans la plaine
Les flots mal contenus dans sa gorge trop pleine.
Par les champs verdoyants l'onde prend son élan ;

4.

Tosto che l'acqua a correr mette co',
Non più Benaco, ma Mincio si chiama
Fino a Governo, dove cade in Pò.

Non molto ha corso, che truova una lama
Nella qual si distende, e la impaluda,
E suol di state talora esser grama.

Quindi passando la vergine cruda
Vide terra nel mezzo del pantano,
Senza cultura, e d'abitanti nuda.

Lì, per fuggire ogni consorzio umano,
Ristette co' suoi servi a far sue arti,
E visse, e vi lasciò suo corpo vano.

Gli uomini poi, che 'ntorno erano sparti,
S'accolsero a quel luogo, ch'era forte
Per lo pantan, ch'avea da tutte parti,

Fer la città sovra quell'ossa morte,
E per colei, che 'l luogo prima elesse,
Mantova l'appellar senz'altra sorte.

Già fur le genti sue dentro più spesse,
Prima che la mattia da Casalodi
Da Pinamonte inganno ricevesse.

Elle change de nom en commençant sa course,
Prend celui de Mincio, fuit bien loin de sa source
Et court à Governo tomber dans l'Éridan.

Mais trouvant en chemin une lande stérile,
Le fleuve y laisse une eau qui croupit immobile,
Marais empoisonné dans les feux de l'été.

Or, passant là, Manto, cette vierge sauvage,
Aperçut au milieu du vaste marécage
Un terrain sans culture, un sol inhabité.

Avec ses serviteurs la sibylle thébaine
Se fixa là pour fuir toute rencontre humaine,
Y pratiqua son art, y vécut, y mourut.

Et plus tard, comprenant quelle forte défense
Offrait en cet endroit le marécage immense,
La foule dispersée à l'entour accourut.

Sur les os de la morte on bâtit une ville ;
Et, Manto, la première, ayant choisi l'asile,
Mantoue on l'appela sans tirer d'autre sort.

Jadis plus d'habitants en ont peuplé l'enceinte,
Avant que Pinamont, par une indigne feinte,
Eût joué Casalot, qu'on dupait sans effort (3).

Però t' assenno, che se tu mai odi
Originar la mia terra altrimenti,
La verità nulla menzogna frodi.

Ed io : Maestro, i tuoi ragionamenti
Mi son sì certi, e prendon sì mia fede,
Che gli altri mi sarien carboni spenti.

Ma dimmi della gente, che procede,
Se tu ne vedi alcun degno di nota :
Che solo a ciò la mia mente risiede.

Allor mi disse : Quel, che dalla gota
Porge la barba in su le spalle brune,
Fu quando Grecia fu di maschi vota

Sì, ch'appena rimaser per le cune,
Augure, e diede 'l punto con Calcanta
In Aulide, a tagliar la prima fune.

Euripilo ebbe nome, e così 'l canta
L'alta mia tragedia in alcun loco :
Ben lo sai tu, che la sai tutta quanta.

Quell'altro, che ne' fianchi è così poco,
Michele Scotto fu, che veramente
Delle magiche frode seppe il giuoco.

CHANT XX.

Te voilà bien instruit ; et si quelqu'un peut-être
Donne une autre origine aux lieux qui m'ont vu naître,
Nulle erreur ne pourra faire tort à ta foi. »

— « O maître, tes discours ont si grande évidence,
Répondis-je, et si fort commandent confiance,
Que tous autres seraient charbons éteints pour moi.

Mais, dis-moi, dans les rangs de la gent qui s'avance
Ne distingues-tu pas quelque ombre d'importance?
Car c'est là ce qui tient mes esprits éveillés. »

Lors il me dit : « Celui dont la barbe touffue
Descend comme un manteau sur son épaule nue,
Quand la Grèce perdait tant de sang, de guerriers,

Qu'à peine les berceaux en gardaient pour les mères,
Fut augure, et c'est lui qui pour les grandes guerres
Avec Calchas donna l'ordre d'appareiller.

Eurypile est son nom : tel ma muse tragique
L'a nommé dans un coin de mon poème épique (4) ;
Tu le sais bien, toi qui le connais tout entier.

Cet autre chancelant sur sa hanche amaigrie,
C'est Michel Scot (5), passé maître en sorcellerie
Et qui de la magie a vraiment connu l'art.

Vedi Guido Bonatti, vedi Asdente,
Ch'avere inteso al cuoio e allo spago
Ora vorrebbe, ma tardi si pente.

Vedi le triste, che lasciaron l'ago,
La spuola, e 'l fuso, e fecersi indovine:
Fecer malie con erbe e con immago.

Ma vienne omai, chè già tiene 'l confine
D'amenduo gli emisperi, e tocca l'onda,
Sotto Sibilia, Caino, e le spine.

E già jernotte fu la luna tonda:
Ben ten' dee ricordar, che non ti nocque
Alcuna volta per la selva fonda.

Sì mi parlava, e andavamo introcque.

Vois Guido Bonatti ; vois Adsent (6) qui regrette
D'avoir abandonné son cuir et sa navette,
Mais, hélas, l'imprudent ! il se repent trop tard.

Vois ces femmes plus loin : à leurs mains meurtrières
L'aiguille et le fuseau répugnaient ; les sorcières
Avec l'herbe et la cire ont fait œuvre d'enfer.

Mais viens : déjà Caïn, son fardeau sur l'épaule,
Occupe les confins de l'un et l'autre pôle (7),
Au-dessous de Séville il a touché la mer.

Hier déjà la lune en son plein était ronde.
Tu dois t'en souvenir : dans la forêt profonde
L'astre plus d'une fois t'a prêté du secours. »

Ainsi parlait Virgile, et nous allions toujours.

NOTES DU CHANT XX.

1. Aruns, devin toscan.

2. Ces trois évêques avaient en ce lieu les limites de leurs diocèses, ils pouvaient donc de là exercer tous les trois leur droit épiscopal, ou comme dit Dante, *segnar*, donner la bénédiction.

3. *Pinamonte* engagea *Casalodi*, comte de Mantoue, à exiler beaucoup de nobles pour plaire au peuple, puis il le renversa lui-même.

4. Au livre II de l'Énéide :

Suspensi Eurypilum scitatum oracula Phœbi
 Mittimus.

5. Michel Scot, astrologue de l'empereur Frédéric II.

6. Bonatti, astrologue du comte de Montefeltro. Asdent, astrologue de Parme, qui avait commencé par être savetier.

7. Dans ce temps-là, le peuple croyait voir dans les taches de la lune Caïn chargé d'un fardeau d'épines.

ARGUMENT DU CHANT XXI.

Cinquième bolge : autres fourbes, fripons et prévaricateurs. Ils sont plongés dans une poix bouillante, des troupes de démons les surveillent du bord et repoussent à coups de fourche au fond de l'ardent bitume les malheureux qui essaient de remonter à la surface. En voyant approcher Dante et Virgile, ces démons se précipitent sur eux en fureur; Virgile les apaise. Le chef de la troupe noire apprend alors aux voyageurs que le pont de rochers est brisé un peu plus loin et ne peut plus leur servir de passage. Il leur indique un détour qu'ils devront suivre, et leur donne une escorte.

CANTO VIGESIMOPRIMO

Cosi di ponte in ponte altro parlando,
Che la mia commedia cantar non cura,
Venimmo, e tenevamo 'l colmo, quando

Ristemmo, per veder l'altra fessura
Di Malebolge, e gli altri pianti vani:
E vidila mirabilmente oscura.

Quale nell'Arzanà de' Viniziani
Bolle l'inverno la tenace pece,
A rimpalmar li legni lor non sani,

CHANT VINGT-UNIÈME.

Ainsi, de pont en pont, il va, moi sur sa trace,
Tenant d'autres propos encor, mais que je passe,
Et d'une arche nouvelle atteignant le sommet,

Nous arrêtons nos pas pour voir une autre enceinte,
Gouffre de Malebolge où s'exhale autre plainte,
Et je vis un fossé plus noir qu'une forêt.

Comme à Venise, au temps du givre et de la glace,
Bout, dans les arsenaux, la résine tenace
Qui sert à radouber les bois avariés

Che navicar non ponno, e 'n quella vece
Chi fa suo legno nuovo, e chi ristoppa
Le coste a quel, che più viaggi fece :

Chi ribatte da proda, e chi da poppa :
Altri fa remi, ed altri volge sarte,
Chi terzeruolo, ed artimon rintoppa :

Tal, non per fuoco, ma per divina arte,
Bollía laggiuso una pegola spessa,
Che 'nviscava la ripa d'ogni parte.

I' vedea lei, ma non vedeva in essa
Ma che le bolle, che 'l bollor levava,
E gonfiar tutta, e riseder compressa.

Mentr' io laggiù fissamente mirava,
Lo Duca mio, dicendo : Guarda guarda,
Mi trasse a se del luogo, dov' io stava.

Allor mi volsi come l'uom, cui tarda
Di veder quel che gli convien fuggire,
E cui paura subita sgagliarda :

Che per veder, non indugia 'l partire :
E vidi dietro a noi un Diavol nero,
Correndo su per lo scoglio, venire.

Pour les rendre à la mer. L'un refait son navire
A neuf; on voit un autre avec la poix l'enduire
Et calfater ses flancs que la vague a rayés.

La scie est à la proue, à la poupe la hache;
Là des rames, ici des câbles qu'on rattache;
On recoud la misaine et le mât d'artimon.

Telle, par l'art divin, dans ce bas-fond s'allume
Et bout, sans feu visible, un fleuve de bitume;
Engluant les deux bords de son épais limon.

Je voyais bien la poix, mais rien qu'à la surface,
Et le flot bouillonnant qui s'élève et s'efface,
Qui se gonfle écumant et retombe soudain.

Tandis que dans le fond, l'œil fixe, je regarde,
Mon guide s'écriant: « Prends-garde à toi, prends garde! »
De l'endroit où j'étais me tire par la main.

Je me tourne aussitôt comme un homme à qui tarde
De connaître d'où vient le danger, qui regarde,
Et d'un subit effroi se sentant défaillir,

N'attend pas d'avoir vu pour faire sa retraite.
Et je vis un démon, noir des pieds à la tête,
En arrière de nous par le pont accourir.

5.

Ahi quant' egli era nell'aspetto fiero!
E quanto mi parea nell'atto acerbo,
Con l'ale aperte, e sovra i piè leggiero!

L'omero suo, ch'era acuto e superbo,
Carcava un peccator con ambo l'anche,
Ed ei tenea de' piè ghermito il nerbo.

Del nostro ponte, disse: O Malebranche,
Ecc' un degli Anzian di santa Zita:
Mettetel sotto, ch' i' torno per anche

A quella terra, che n'è ben fornita.
Ogni uom v'è barattier, fuor che Buonturo:
Del no per li denar vi si fa ita.

Laggiù 'l buttò, e per lo scoglio duro
Si volse, e mai non fu mastino sciolto,
Con tanta fretta a seguitar lo furo.

Quei s'attuffò, e tornò su convolto:
Ma i Demon, che del ponte avean coverchio
Gridàr: Qui non ha luogo il santo Volto:

Qui si nuota altrimenti, che nel Serchio:
Però se tu non vuoi de' nostri graffi,
Non far sovra la pegola soverchio.

CHANT XXI.

Dieu ! quel terrible aspect, quel féroce visage !
De quel air il venait menaçant, plein de rage,
L'aile ouverte et dressé sur ses pieds vigoureux !

Les jambes d'un pécheur, comme un cep à deux branches,
Chargeaient sa large épaule et lui battaient les hanches;
Il tenait par le nerf les pieds du malheureux.

Arrivé près de nous : « Voici, prenez-le vite,
Griffes du Malebolge ! un mort de sainte Zite (1),
Plongez-le dans la poix ; que je retourne encor

En pêcher au pays où le diable est si riche !
Là hormis Bonturo (2) personne qui ne triche ;
D'un *non* on fait un *oui* là-bas pour un peu d'or ».

Et dans le fond du gouffre il jette l'ombre humaine,
Et retourne. Jamais mâtin brisant sa chaîne
Aux trousses d'un voleur n'ai vu courir ainsi.

Le damné s'abima, puis releva la tête.
Mais les démons couverts par le pont : « Malebête !
On ne peut invoquer la sainte Image ici (3).

Ce n'est pas dans les eaux du Serchio (4) qu'on te baigne.
Et si tu ne veux pas qu'on te gratte la teigne
Il ne faut pas ainsi mettre ta tête à l'air.

Poi l'addentàr con più di cento raffi :
Disser : Coverto convien, che qui balli,
Sì che, se puoi, nascosamente accaffi.

Non altrimenti i cuochi a' lor vassalli
Fanno attuffare in mezzo la caldaia
La carne con gli uncin, perchè non galli.

Lo buon Maestro : Acciocchè non si paia,
Che tu ci sii, mi disse, giù t'acquatta
Dopo uno scheggio, che alcun schermo t'aia;

E per null' offension, ch'a me sia fatta,
Non temer tu, ch'io ho le cose conte,
Perch' altra volta fui a tal baratta.

Poscia passò di là dal co' del ponte,
E com' ei giunse in su la ripa sesta,
Mestier gli fu d'aver sicura fronte.

Con quel furore, e con quella tempesta,
Ch' escono i cani addosso al poverello,
Che di subito chiede, ove s' arresta;

Usciron quei di sotto 'l ponticello,
E volser contra lui tutti i roncigli :
Ma ei gridò : Nessun di voi sia fello.

Et de cent coups de fourche ils harponnent l'infâme
Disant : « C'est à couvert qu'on danse ici, chère âme !
Il faut se bien cacher pour voler en enfer. »

Ainsi les marmitons, ces vassaux de cuisine
A grand coups de fourchette au fond de la bassine
Repoussent le bouilli qui cherche à surnager.

Mon bon maître me dit : « Prends garde qu'on te sache
Si près, et cherche vite un abri qui te cache.
Un de ces rochers-là pourra te protéger.

Si je dois, moi, subir de leur part quelque outrage,
Ne t'inquiète pas ; car je connais leur rage.
J'ai déjà, tu le sais, bravé ces furieux.

Il dit, et jusqu'au bout du pont poursuit sa marche ;
Mais quand il arriva près de la sixième arche,
Il lui fallut s'armer d'un front bien courageux.

Comme on voit, quand un pauvre au seuil de quelque riche
S'arrête suppliant, les chiens hors de leur niche
S'élancer pleins de rage et le mordre aux talons ;

Tel de dessous le pont tous ces démons sortirent,
Et sur lui, menaçants, griffe et fourche brandirent ;
Mais lui de leur crier : « Ne soyez pas félons !

Innanzi che l'uncin vostro mi pigli,
Traggasi avanti l'un di voi, che m'oda,
E poi di roncigliarmi si consigli.

Tutti gridavan: Vada, Malacoda:
Perch' un si mosse, e gli altri stetter fermi.
E venne a lui dicendo, che gli approda.

Credi tu, Malacoda, qui vedermi
Esser venuto, disse 'l mio Maestro,
Securo già da tutti i vostri schermi

Senza voler divino, e fato destro?
Lasciami andar, che nel Cielo è voluto,
Ch'io mostri altrui questo cammin silvestro.

Allor gli fu l'orgoglio sì caduto,
Che si lasciò cascar l'uncino a' piedi,
E disse agli altri: Omai non sia feruto.

E 'l Duca mio a me: O tu, che siedi
Tra gli scheggion del ponte quatto quatto,
Sicuramente omai a me ti riedi.

Perch' io mi mossi, e a lui venni ratto:
E i diavoli si fecer tutti avanti,
Sì ch'io temetti non tenesser patto.

CHANT XXI.

Avant qu'aucun de vous sur ses crocs ne m'embroche,
Que l'un de vous ici pour m'écouter s'approche,
Puis, s'il veut, qu'il me mette au bout de son harpon. »

Vas-y, Malacoda! cria toute la troupe.
Et l'un d'eux sur-le-champ se détacha du groupe
Et vint droit à mon maître en disant : « A quoi bon ? »

— « Crois-tu, Malacoda, lui dit alors mon maître,
Que tu m'aurais pu voir dans ce gouffre paraître
Sain et sauf au milieu de vos fers meurtriers

Sans le vouloir divin, sans le destin propice?
Laisse-moi m'avancer! Le ciel, puissant complice,
Veut que je guide un homme en ces âpres sentiers. »

Son arrogance expire à ces mots du poëte,
Sa fourche à ses pieds tombe, et détournant la tête :
« Nous ne pouvons, dit-il aux autres, le toucher. »

Et le poëte à moi : « Désormais hors d'atteinte,
Du roc où tu te tiens blotti parais sans crainte ;
Viens, sans danger, de moi tu peux te rapprocher. »

Moi, sans tarder, j'accours, mais cependant je tremble.
Les démons en avant se portaient tous ensemble ;
Je crus qu'ils tiendraient mal ce qu'ils avaient promis.

E così vid' io già temer li fanti,
Ch' uscivan pateggiati di Caprona,
Veggendo sè tra nemici cotanti.

Io m'accostai con tutta la persona,
Lungo 'l mio Duca, e non torceva gli occhi
Dalla sembianza lor, ch' era non buona.

Ei chinavan gli raffi, e : Vuoi ch' i' 'l tocchi,
Diceva l'un con l'altro, in sul groppone?
E rispondean : Sì; fa, che gliele accocchi.

Ma quel demonio, che tenea sermone
Col Duca mio, si volse tutto presto,
E disse : Posa, posa, Scarmiglione.

Poi disse a noi : Più oltre andar per questo
Scoglio non si potrà : perocchè giace
Tutto spezzato al fondo l' arco sesto :

E se l' andare avanti pur vi piace,
Andatevene su per questa grotta :
Presso è un altro scoglio, che via face.

Jer, più oltre cinq' ore, che quest' otta,
Mille dugento con sessanta sei
Anni compièr, che qui la via fu rotta.

CHANT XXI.

Ainsi les régiments, quand Caprone fut prise,
Malgré tous les traités, craignaient quelque surprise
En sortant au milieu du flot des ennemis.

Je me tenais le corps collé contre mon guide,
Sans détacher mes yeux de la bande homicide
Dont l'attitude et l'air me semblaient peu sereins.

Ils agitaient leurs crocs; un démon de la troupe
Dit aux autres : « Faut-il lui chatouiller la croupe? »
Et tous de lui répondre : « Oui, larde-lui les reins! »

Mais, par bonheur, le chef qui parlait à mon guide
Au démon en arrêt fait un signe rapide
Et lui dit : « Doucement, doucement, Scarmiglion ! »

Puis s'adressant à nous : « En avant par cette arche
Vous ne pourrez, dit-il, poursuivre votre marche,
Car le sixième pont a croulé dans le fond.

Et s'il vous plaît plus loin de pousser le voyage,
Prenez par cette côte : auprès un roc sauvage
S'élève, et de chemin ce roc vous servira (5).

Hier cinq heures plus tard que cette heure où nous sommes
Soixante-six ans joints à douze siècles d'hommes
Avaient passé, depuis que ce pont-ci croula.

Io mando verso là di questi miei,
A riguardar s'alcun se ne sciorina :
Gite con lor, ch'e' non saranno rei.

Tratti avanti, Alichino, e Calcabrina,
Cominciò egli a dire, e tu, Cagnazzo,
E Barbariccia guidi la decina.

Libicocco vegna oltre, e Draghignazzo,
Ciriatto sannuto, e Graffiacane,
E Farfarello, e Rubicante pazzo.

Cercate intorno le bollenti pane:
Costor sien salvi sino all'altro scheggio,
Che tutto intero va sovra le tane.

O me maestro! che è quel, ch'io veggio?
Diss'io : deh senza scorta andiamci soli,
Se tu sa' ir, ch'i' per me non la cheggio.

Se tu se' sì accorto, come suoli,
Non vedi tu, ch'e' digrignan li denti,
E con le ciglia ne minaccian duoli?

Ed egli a me : Non vo', che tu paventi :
Lasciali digrignar pure a lor senno,
Ch'e' fanno ciò per li lessi dolenti.

CHANT XXI.

Je dirige là-bas des guerriers de ma suite,
Pour voir si nul damné ne sort de la marmite.
Allez de compagnie et ne craignez rien d'eux. »

« En avant! cria-t-il alors à ses apôtres,
Alichin, Cagnazzo, Calcabrine et les autres!
Et que Barbariccia soit le chef de dix preux!

Allons, Libicocco, Draguignaz! qu'on se suive!
Viens, Ciriatte aux bons crocs! Toi, Grafficane, arrive,
Marche après Farfarelle, ardent Rubicanté!

Parcourez les contours du lac gluant et sombre,
Et que ces voyageurs avec vous sans encombre
Arrivent jusqu'au pont sur l'abîme jeté! »

— « Ciel! m'écriai-je alors, quelle affreuse cohorte!
Maître, je t'en conjure, allons seuls, sans escorte.
Si tu sais le chemin, qu'en avons-nous besoin?

Es-tu moins avisé, seigneur, que de coutume?
Regarde-les grincer des dents; leur bouche écume,
Et leurs yeux enflammés nous menacent de loin. »

Le sage répondit : « Sans raison ton cœur tremble.
Va, laisse-les grincer des dents, si bon leur semble;
C'est contre les damnés qui sont dans le bouillon.

Per l'argine sinistro volta dienno :
Ma prima avea ciascun la lingua stretta
Co' denti verso lor duca, per cenno,

Ed egli avea del cul fatto trombetta.

A gauche alors tourna la cohorte farouche,
Chacun faisant claquer sa langue dans sa bouche,
Comme un signe compris du chef, et le démon

S'était fait, en marchant, de son c... un clairon (6).

NOTES DU CHANT XXI.

1. Sainte Zite, c'est-à-dire, la ville de Lucques, dont sainte Zite est la patronne.

2. Bonturo, de la famille des Dati, en faveur de qui le poète fait cette ironique exception, était un usurier célèbre pour ses friponneries dans Lucques et dans toute l'Italie.

3. Le *Santo Volto* : Image de Jésus-Christ sculptée par son disciple Nicodème, et que les Lucquois conservaient dans une chapelle murée de leur cathédrale.

4. Le Serchio, fleuve qui passe près de Lucques.

5. Le sixième pont est rompu en effet, mais, comme on le verra, il n'est pas vrai qu'il en existe un autre à l'endroit indiqué par le démon : c'est un tour qu'il joue aux deux voyageurs.

6. Ici comme dans deux ou trois autres passages, j'ai peut-être bravé l'honnêteté, en respectant le vieux poète mon modèle. Mais le vers qui termine ce chant est le dernier coup de pinceau d'un tableau grotesque à la manière de Callot, qu'il faut conserver, et je n'aurais pas cru en adoucir heureusement l'effet par des périphrases dans le genre de celle-ci, qu'on trouve dans la version en prose de M. Artaud. « Barbariccia ouvrait la marche par les sons redoublés d'une trompette insolente et *fétide*. »

ARGUMENT DU CHANT XXII.

Dante et Virgile, escortés par les démons, continuent leur route et font tout le tour du cinquième bolge. Épisode grotesque : Un damné du pays de Navarre, qui par malheur a sorti sa tête au-dessus du lac de bitume, est saisi par les démons; il va être mis en pièces, quand il s'avise d'une ruse qui lui réussit. Il propose d'attirer à la surface, en sifflant, plusieurs de ses compagnons toscans et lombards; à cette proposition, les démons, qui se flattent d'avoir à déchirer une proie plus considérable, lâchent prise et se tiennent à l'écart pour ne pas effaroucher les victimes qui leur sont promises. Mais le Navarrais, délivré de leurs griffes, s'élance dans la poix et disparaît. Les démons furieux le poursuivent sans réussir à l'atteindre, se battent entre eux, et finissent par tomber eux-mêmes dans la poix bouillante.

CANTO VIGESIMOSECONDO

Io vidi già cavalier muover campo,
E cominciare stormo, e far lo mostra,
E tal volta partir per loro scampo:

Corridor vidi per la terra vostra,
O Aretini, e vidi gir gualdane,
Ferir torneamenti, e correr giostra,

Quando con trombe, e quando con campane,
Con tamburi, e con cenni di castella,
E con cose nostrali, e con istrane:

Nè già con sí diversa cennamella
Cavalier vidi muover, nè pedoni,
Nè nave a segno di terra, o di stella.

CHANT VINGT-DEUXIÈME

J'ai vu des cavaliers s'ébranler dans la plaine,
Engager la bataille et courir hors d'haleine,
Ou bien battre en retraite et fuir souventefois.

Habitants d'Arezzo, j'ai vu sur votre terre
Fondre les ravageurs avec leur cri de guerre,
J'ai vu les chevaliers, leurs joutes, leurs tournois,

Au bruit du tambourin, du clairon, de la cloche,
Aux signaux des castels portés de proche en proche,
Mille instruments mêlant leur formidable accord :

Mais d'un fifre pareil jamais les sons étranges
D'hommes et de chevaux n'ont pressé les phalanges
Ni le vaisseau qui va vers l'étoile ou le port.

Noi andavam con li dieci dimoni:
(Ah fiera compagnia!) ma nella chiesa
Co' Santi, e in taverna co' ghiottoni.

Pure alla pegola era la mia intesa,
Per veder della bolgia ogni contegno,
E della gente, ch'entro v'era incesa.

Come i delfini, quando fanno segno
A' marinar con l'arco della schiena,
Che s'argomentin di campar lor legno;

Talor così ad alleggiar la pena
Mostrava alcun de' peccatori 'l dosso,
E nascondeva in men che non balena.

E com' all' orlo dell'acqua d'un fosso
Stan gli ranocchi pur col muso fuori,
Sì che celano i piedi, e l'altro grosso;

Sì stavan d'ogni parte i peccatori:
Ma come s'appressava Barbariccia,
Così si ritraean sotto i bollori.

Io vidi, ed anche 'l cuor mi s'accapriccia,
Uno aspettar così, com' egl' incontra,
Ch' una rana rimane, e l'altra spiccia.

CHANT XXII.

Nous marchions, les démons composant notre escorte.
La compagnie était terrible ; mais qu'importe ?
Les diables en enfer : les saints au Paradis !

Cependant je fixais mes yeux pleins d'épouvante
Sur la poix écumant dans la fosse bouillante,
Cherchant à découvrir dans le fond les maudits.

Tel on voit le dauphin confident des tempêtes,
Quand, recourbant le dos, il sort de ses retraites
Et présage au marin les troubles de la mer :

Ainsi pour alléger le mal, de la résine
Parfois quelques pécheurs sortaient un peu l'échine,
Mais ils disparaissaient aussi prompts que l'éclair.

Et comme sur l'étang grenouille se hasarde :
Elle monte à fleur d'eau, sort la tête et regarde,
Les pattes et le corps bien cachés sous le flot ;

Par endroits se montrait ainsi la gent coupable ;
Mais dès que s'approchait Barbariccia, le diable,
Dans la bouillante poix tous plongeaient aussitôt.

J'en vis un, — j'en frémis encor, — par mégarde
Il s'était arrêté : telle parfois s'attarde
Quelque grenouille avant de faire le plongeon.

E Graffiacan, che gli era più di contra,
Gli arroncigliò le 'mpegolate chiome,
E trassel su, che mi parve una lontra.

Io sapea già di tutti quanti 'l nome,
Sì li notai, quando furon eletti,
E poi che si chiamaro, attesi come.

O Rubicante, fa che tu li metti
Gli unghioni addosso sì, che tu lo scuoi,
Gridavan tutti insieme i maladetti:

Ed io: Maestro mio, fa, se tu puoi,
Che tu sappi chi è lo sciagurato
Venuto a man degli avversari suoi.

Lo Duca mio gli s'accostò allato;
Domandollo ond' ei fosse; e quei rispose,
Io fui del regno di Navarra nato.

Mia madre a servo d'un signor mi pose,
Che m'avea generato d'un ribaldo,
Distruggitor di sè, e di sue cose.

Poi fui famiglio del buon re Tebaldo:
Quivi mi misi a far baratteria,
Di che i' rendo ragione in questo caldo.

Malheureux ! Graffiacco se tenait là tout proche ;
Par ses cheveux souillés de poix il vous l'accroche ;
On eût dit d'une loutre au bout de son harpon.

Je connaissais déjà les diables de ma suite
Quand ils furent choisis pour nous faire conduite,
Et j'avais écouté les noms qu'ils se donnaient.

« Vite, Rubicanté ! vois donc sortir cette âme !
Mets-lui ta fourche au dos, écorche-nous l'infâme ! »
Ainsi tout d'une voix les dix démons hurlaient.

« O maître, fis-je alors, ne peux-tu pas me dire
Quel est ce malheureux damné que l'on déchire ?
Aux mains de ses bourreaux il tombe abandonné. »

De la fosse aussitôt se rapprochant, mon maître
Demande au patient quel pays l'a vu naître.
« Je suis un Navarrois, » lui répond le damné (1).

« Aux gages d'un seigneur je fus mis par ma mère,
Dès mes plus jeunes ans orphelin de mon père
Qui dissipa ses biens et détruisit ses jours.

Puis du bon roi Thibaut ayant conquis les grâces,
Je vendis ses faveurs, et ces manœuvres basses
Sont le crime qu'ici je pleure pour toujours. »

E Ciriatto, a cui di bocca uscia,
D'ogni parte una sanna, come a porco,
Gli fe' sentir come l'una sdrucia.

Tra male gatte era venuto 'l sorco:
Ma Barbariccia il chiuse con le braccia,
E disse: State 'n là, mentr'io lo 'nforco:

E al Maestro mio volse la faccia:
Dimanda, disse, ancor, se più disii
Saper da lui, prima ch'altri 'l disfaccia.

Lo Duca: Dunque or dì degli altri rii:
Conosci tu alcun, che sia Latino
Sotto la pece? e quegli: Io mi partii

Poco è da un, che fu di là vicino:
Così foss'io ancor con lui coverto,
Ch'io non temerei unghia, nè uncino.

E Libicocco, troppo avem sofferto,
Disse e presegli 'l braccio col runciglio,
Sì che, stracciando, ne portò un lacerto.

Draghignazzo anch'ei volle dar di piglio
Giù dalle gambe: onde 'l decurio loro
Si volse 'ntorno intorno con mal piglio.

CHANT XXII.

Comme il disait ces mots, Ciriatto s'élance,
Ainsi qu'un sanglier il a double défense
Qu'il enfonce en la chair du prévaricateur.

Pauvre souris tombée aux chats inexorables !
Mais le chef dans ses bras l'étreignant dit aux diables :
« Arrière ! je le tiens, c'est moi l'exécuteur. »

Et vers nous le démon tournant son noir visage :
« Si de lui vous voulez en savoir davantage,
Hâtez-vous donc, avant qu'on le mette en morceaux. »

« Eh bien, reprit mon maître en s'adressant à l'ombre,
Parmi tes compagnons, en est-il dans le nombre
Qui soient du Latium ? » L'ombre dit : « Sous ces eaux

J'en quitte un à l'instant qui naquit où vous dites.
Ah ! que ne suis-je encor, moi, sous ces eaux maudites
Où griffes et harpons ne vous atteignent pas ! »

Soudain Libicocco : « C'est trop de patience ! »
Et sur le réprouvé plein de rage il s'élance,
L'attrape avec sa gaffe et lui déchire un bras.

Draguignaz à son tour à le saisir s'apprête,
Va lui prendre les pieds; mais leur chef les arrête
Et jette sur tous deux un regard menaçant.

Quand' elli un poco rappaciati foro,
A lui, ch' ancor mirava sua ferita,
Dimandò 'l Duca mio, sanza dimoro,

Chi fu colui, da cui mala partita
Di' che facesti, per venire a proda?
Ed ei rispose : Fu frate Gomita,

Quel di Gallura, vasel d' ogni froda,
Ch' ebbe i nemici di suo donno in mano,
E fe' lor sì, che ciascun se ne loda :

Denar si tolse, e lasciolli di piano,
Sì com' e' dice : e negli altri ufici anche
Barattier fu non picciol, ma sovrano.

Usa con esso donno Michel Zanche
Di Logodoro : ed a dir di Sardigna
Le lingue lor non si sentono stanche.

O me! vedete l' altro, che digrigna :
Io direi anche : ma io temo, ch' ello
Non s' apparecchi a grattarmi la tigna.

E 'l gran proposto volto a Farfarello,
Che stralunava gli occhi per ferire,
Disse : fatti 'n costà, malvagio uccello.

Ils semblent un instant suspendre leur furie,
Et mon guide parlant à cette ombre meurtrie
Qui contemplait encor ses membres teints de sang.

« Quel est le compagnon dont tu t'es séparée
Pour t'arrêter au bord, ombre mal inspirée? »
Le pécheur répondit : « C'est frère Gomita,

Moine de Gallura, ce vase impur, ce traître
Qui cher aux ennemis et parjure à son maître
Fit servir contre lui ses faveurs qu'il capta (2).

Un peu d'or fut le prix de sa perfide adresse,
Et dans tous ses emplois, lui-même le confesse,
Se montra sans égal dans l'art de malverser.

Avec lui constamment Michel Sanche converse (3),
Comme lui de Sardaigne, et leur bouche perverse
Redit tous leurs méfaits sans pouvoir se lasser.

Las! voyez, ce démon grince les dents de rage.
Je me tais, car je crains, si j'en dis davantage,
Que mon corps dans ses mains laisse encore un lambeau. »

Mais le chef des démons tourné vers Farfarelle
Déjà prêt à frapper et dont l'œil étincelle :
« Arrière! il n'est pas temps, dit-il, méchant corbeau! »

Se voi volete vedere, o udire,
Ricominciò lo spaurato appresso,
Toschi, o Lombardi, io ne farò venire.

Ma stien le Malebranche un poco in cesso,
Sì che non teman delle lor vendette:
Ed io seggendo in questo luogo stesso,

Per un, ch'io so, ne farò venir sette,
Quando sufolerò, com'è nostr'uso
Di fare allor, che fuori alcun si mette.

Cagnazzo a cotal motto levò 'l muso,
Crollando 'l capo, e disse: Odi malizia
Ch'egli ha pensato, per gittarsi giuso.

Ond'ei, ch'avea lacciuoli a gran divizia,
Rispose: Malizioso son io troppo,
Quando procuro a' miei maggior tristizia.

Alichin non si tenne, e di rintoppo
A gli altri, disse a lui: Se tu ti cali,
Io non ti verrò dietro di galoppo,

Ma batterò sovra la pece l'ali:
Lascisi 'l colle, e sia la ripa scudo
A veder se tu sol più di noi vali.

— « Si vous désirez voir, reprit l'ombre enhardie,
Des morts de la Toscane ou de la Lombardie,
Pour en faire venir je suis assez adroit.

Écartez seulement ces griffes redoutables
Pour ne pas effrayer d'avance les coupables ;
Et moi, sans m'éloigner, assis en cet endroit,

J'en ferai, moi tout seul, apparaître un grand nombre,
En sifflant, comme c'est l'usage, dès qu'une ombre
A sortir de la poix se risque sans danger.

Lors Cagnazzo, levant son museau sardonique :
« Oyez, dit-il, oyez la ruse diabolique
Qu'il vient d'imaginer pour fuir d'un pied léger ».

Mais lui, sans se troubler, et fertile en malices :
« Oui, préparer aux miens de plus cruels supplices,
C'est être bien rusé, certe, et je le suis trop. »

Alichin, malgré tous, se prend à ces mensonges,
Et dit au Navarrois : « Écoute, si tu plonges
Je ne te suivrai pas par derrière au galop ;

Mais, bien mieux : sur le lac d'un coup d'aile j'arrive.
A toi donc le rocher et l'abri de la rive,
Et voyons si tout seul tu peux nous défier ! »

O tu che leggi, udirai nuovo ludo.
Ciascun dall'altra costa gli occhi volse;
Quel prima, ch'a ciò fare era più crudo.

Lo Navarrese ben suo tempo colse,
Fermò le piante a terra, ed in un punto
Saltò, e dal proposto lor si sciolse:

Di che ciascun di colpo fu compunto,
Ma quei più, che cagion fu del difetto,
Però si mosse, e gridò: Tu se' giunto.

Ma poco valse, che l' ale al sospetto
Non potero avanzar: quegli andò sotto,
E quei drizzò, volando, suso il petto:

Non altrimenti l'anitra di botto,
Quando 'l falcon s'appressa, giù s'attuffa,
Ed ei ritorna su crucciato e rotto.

Irato Calcabrina della buffa,
Volando dietro gli tenne invaghito,
Che quei campasse, per aver la zuffa:

E come 'l barattier fu disparito,
Così volse gli artigli al suo compagno,
E fu con lui sovra 'l fosso ghermito.

CHANT XXII.

Or voici, cher lecteur, un bon tour qui s'apprête.
Chacun de s'éloigner et de faire retraite,
Et le plus défiant s'empresse le premier.

Le rusé Navarrois saisit l'instant rapide.
A peine sur la terre, il pose un pied timide,
Qu'il saute, et dans l'étang rit de ses ennemis.

A ce coup imprévu l'on s'indigne, on s'irrite.
Alichin dont la faute a causé cette fuite
S'élance le premier en criant : « Il est pris ! »

Fureur vaine ! il ne peut atteindre le rebelle.
La terreur a volé plus vite que son aile :
L'ombre plonge, et le diable en l'air est remonté.

Ainsi, quand le faucon rapide fond sur elle,
On voit au fond des eaux se plonger la sarcelle
Et le chasseur ailé revenir irrité.

Calcabrine, indigné de cette tromperie,
Avait volé derrière, heureux dans sa furie,
Pour s'en prendre au démon de voir fuir le pécheur.

Et quand le trafiquant eut disparu sous l'onde,
Contre son compagnon tournant sa griffe immonde,
Au-dessus de l'étang l'attaque avec fureur.

Ma l'altro fu bene sparvier grifagno
Ad artigliar ben lui, e amendue
Cadder nel mezzo del bollente stagno.

Lo caldo schermidor subito fue:
Ma però di levarsi era niente,
Sì aveano inviscate l'ale sue.

Barbariccia con gli altri suoi dolente,
Quattro ne fe' volar dall'altra costa,
Con tutti i raffii, e assai prestamente

Di qua di là discesero alla posta:
Porser gli uncini verso gl'impaniati,
Ch'eran già cotti dentro dalla crosta,

E noi lasciammo lor così 'mpacciati.

CHANT XXII.

Mais l'autre, un épervier aussi de bonne race,
L'agrippe avec sa serre, avec rage l'embrasse,
Et dans le lac bouillant ils tombent tous les deux.

Le flot cuisant met fin à ce combat féroce ;
Mais ils cherchent en vain à sortir de la fosse,
Leur aile est engluée et tient au lac visqueux.

Barbariccia les voit et s'émeut ; il envoie
Quatre de ses démons au couple qui se noie ;
De crocs et d'avirons ils se sont tous armés,

Au bord de ci, de là, s'empressent secourables,
Et tendent leurs harpons à ces deux misérables
Dans la bouillante poix à demi consumés.

Et nous laissâmes là les démons empaumés.

NOTES DU CHANT XXII.

1. Ciampolo était le nom de ce favori.

2. Frère Gomita, religieux sarde, né à Gallura. Ayant gagné la faveur de Nino de' Visconti, gouverneur de Gallura, il trahit les intérêts du prince en trafiquant des grâces et des emplois.

3. Michel Sanche, sénéchal de Logodoro, s'y livra à mille rapines. Il régna sur cette partie de la Sardaigne après avoir séduit Adelasia, la veuve de son souverain.

ARGUMENT DU CHANT XXIII.

Dante et Virgile, délivrés de leur terrible escorte, descendent au sixième bolge, séjour des hypocrites. Les ombres de ces damnés s'avancent lentement, couvertes d'amples chapes qui semblent au dehors brillantes et dorées, mais qui sont de plomb et dont le poids les écrase. Dante interroge deux de ces ombres : ce sont celles de deux moines de l'ordre des Joyeux. Un peu plus loin, il voit un damné crucifié et couché par terre et que les autres ombres foulent en passant : c'est Caïphe, grand prêtre des Juifs; au lieu de porter la chape, il endure le supplice qu'il infligea à Jésus-Christ. Tous les membres du sanhédrin qui participèrent à la sentence, faux zélés comme lui, sont condamnés à la même torture.

CANTO VIGESIMOTERZO

Taciti, soli, e senza compagnia
N'andavam l'un dinanzi, e l'altro dopo,
Come i frati minor vanno per via.

Volto era in su la favola d'Isopo
Lo mio pensier per la presente rissa,
Dov'ei parlò della rana, e del toppo:

Chè più non si pareggia mo ed issa,
Che l'un con l'altro fa, se ben s'accoppia
Principio e fine, con la mente fissa:

E come l'un pensier dell'altro scoppia,
Così nacque di quello un altro poi,
Che la prima paura mi fe' doppia

CHANT VINGT-TROISIÈME

Silencieux et seuls à travers la carrière
Nous allions tous les deux, lui devant, moi derrière :
Tels les frères Mineurs s'en vont par les chemins.

Je songeais, l'âme encor par leur rixe agitée,
A la fable jadis par Ésope inventée,
Où la grenouille au rat tend de méchants engins.

Si n'a pas avec *oui* de rapport plus semblable
Que ne m'en paraissaient offrir avec la fable
Le prélude et la fin du combat des démons.

Et comme une pensée en amène plus d'une,
De ma première idée une idée importune
Naquit et redoubla ma peur et mes frissons.

I' pensava così: Questi per noi
Sono scherniti, e con danno e con beffa
Sì fatta, ch'assai credo, che lor noj.

Se l'ira sovra 'l mal voler s'aggueffa,
Ei ne verranno dietro più crudeli,
Che cane a quella levre, ch'egli acceffa.

Già mi sentia tutto arricciar li peli
Della paura, e stava indietro intento;
Quando i' dissi: Maestro se non celi

Te e me tostamente, io pavento
Di Malebranche: noi gli avem già dietro:
Io gl'immagino sì, che già gli sento.

E quei: S'io fossi d'impiombato vetro,
L'immagine di fuor tua non trarrei
Più tosto a me, che quella dentro impetro.

Pur mo venieno i tuoi pensier tra i miei,
Con simile atto, e con simile faccia,
Sì che d'entrambi un sol consiglio fei.

S'egli è, che sì la destra costa giaccia,
Che noi possiam nell'altra bolgia scendere,
Noi fuggirem l'immaginata caccia.

CHANT XXIII.

C'est à cause de nous que ces démons, pensais-je,
Se sont laissé berner et sont tombés au piége;
Le tour a dû leur cuire et froisser leur orgueil.

Si leur malice encor s'accroît de leur colère,
Ils vont courir, suivant nos traces par derrière,
Plus acharnés sur nous qu'un chien sur un chevreuil.

Tous mes cheveux déjà se dressaient sur ma tête,
J'avais l'œil par derrière, et je dis : « Maître, arrête,
Si tu ne réussis à nous cacher tous deux,

Sur-le-champ, nous serons dans les griffes : j'en tremble;
J'entends sur nos talons tous les démons ensemble,
Déjà je sens leurs crocs, maître, tant j'ai peur d'eux. »

— « Si j'étais le cristal d'un miroir », dit le sage,
« Je ne pourrais vraiment réfléchir ton image
Plus tôt que dans ton cœur je ne pénètre et lis.

Avec les mêmes traits, avec les mêmes formes,
Tes pensers et les miens se mêlaient si conformes,
Que j'ai pris de nous deux un seul et même avis.

Si cette côte à droite assez avant incline,
Que nous puissions descendre en la fosse voisine,
Aux terribles chasseurs nous saurons échapper: »

8.

Già non compiò di tal consiglio rendere,
Ch' io gli vidi venir con l'ale tese,
Non molto lungi, per volerne prendere.

Lo Duca mio di subito mi prese,
Come la madre ch' al romore è desta,
E vede presso a sè le fiamme accese:

Che prende 'l figlio, e fugge, e non s'arresta,
Avendo più di lui che di sè cura,
Tanto che solo una camicia vesta:

E giù dal collo della ripa dura
Supin si diede alla pendente roccia,
Che l'un de' lati all'altra bolgia tura.

Non corse mai sì tosto acqua per doccia,
A volger ruota di mulin terragno,
Quand' ella più verso le pale approccia,

Come 'l maestro mio per quel vivagno,
Portandosene me sovra 'l suo petto,
Come suo figlio, e non come compagno.

Appena furo i piè suoi giunti al letto
Del fondo giù, ch'ei giunsero in sul colle
Sovresso noi: ma non gli era sospetto;

CHANT XXIII.

Il n'avait pas fini sa phrase suspendue,
Que déjà les démons venaient, l'aile étendue
A quelques pas de nous, tout prêts à nous frapper.

Mon guide, sur le champ, me prend, s'élance, vole.
Telle une mère au bruit s'éveille, et, comme folle
En voyant l'incendie autour d'elle éclater,

Prend son fils dans ses bras et s'enfuit toute blême ;
Ayant plus de souci de lui que d'elle-même,
Elle court demi-nue, et va sans s'arrêter.

Du sommet de la rive escarpée et glissante,
Mon maître s'abandonne à la roche pendante
Qui ferme un des côtés du barathre voisin.

Comme une onde qui coule en jaillissant de source
Et qui dans ses conduits précipite sa course
Au moment d'approcher des aubes d'un moulin,

Plus rapide il glissait du haut de la colline,
En me tenant toujours serré sur sa poitrine,
Non comme un compagnon, mais comme un fils chéri.

A peine il eut touché le lit de la vallée,
Sur le haut du coteau la bande rassemblée
Parut ; mais nous étions désormais à l'abri ;

Chè l' alta Providenza, che lor volle
Porre ministri della fossa quinta,
Poder di partirs' indi a tutti tolle.

Laggiù trovammo una gente dipinta,
Che giva intorno assai con lenti passi,
Piangendo, e nel sembiante stanca e vinta.

Egli avean cappe con cappucci bassi
Dinanzi agli occhi, fatte della taglia,
Che per li monaci in Cologna fassi.

Di fuor dorate son, sì ch' egli abbaglia;
Ma dentro tutte piombo, e gravi tanto,
Che Federigo le mettea di paglia.

O in eterno faticoso manto!
Noi ci volgemmo ancor pure a man manca
Con loro insieme, intenti al tristo pianto:

Ma per lo peso quella gente stanca
Venia sì pian, che noi eravam nuovi
Di compagnia ad ogni muover d' anca.

Perch' io al Duca mio: Fa che tu truovi
Alcun, ch' al fatto, o al nome si conosca,
E gli occhi, sì andando, intorno muovi:

Car l'Être tout puissant qui, dans sa Providence,
Du cinquième fossé leur commit la vengeance,
Ne leur a pas donné le pouvoir d'en sortir.

Là je vis une foule à la figure peinte,
Qui faisait à pas lents tout le tour de l'enceinte,
Pleurant et paraissant harassée à mourir.

Ils portaient une chape; un capuchon énorme
Leur tombait sur les yeux : tels et de même forme
On en voit à Cologne aux moines mal vêtus.

Le dessus était d'or, mais ces mantes cruelles
Dessous étaient de plomb, si lourdes, qu'auprès d'elles
Celles de Frédéric n'étaient que des fétus (1).

Oh! l'écrasant manteau pour la vie éternelle!
Prenant à gauche auprès de la gent criminelle,
Nous marchions attentifs à son gémissement.

Se traînant sous le poids, ces malheureuses ombres
Allaient si lentement le long des parois sombres,
Que nous changions de file à chaque mouvement.

Et je dis à mon guide : « Oh! trouve, je t'en prie,
Une ombre dont je sache ou le nom ou la vie,
Et tout en avançant porte partout tes yeux. »

Ed un, che 'ntese la parola Tosca,
Dirietro a noi gridò : tenete i piedi,
Voi, che correte sì per l'aura fosca :

Forse ch'avrai da me quel, che tu chiedi :
Onde 'l Duca si volse, e disse : aspetta,
E poi secondo il suo passo procedi.

Ristetti, e vidi duo mostrar gran fretta
Dell'animo, col viso, d'esser meco :
Ma tardavagli 'l carco, e la via stretta.

Quando fur giunti, assai con l'occhio bieco
Mi rimiraron senza far parola :
Poi si volsero in se, e dicean seco :

Costui par vivo all'atto della gola :
E s'ei son morti, per qual privilegio
Vanno scoverti della grave stola?

Poi dissermi : O Tosco, ch'al collegio
Degl'ipocriti tristi se' venuto,
Dir chi tu se' non avere in dispregio.

Ed io a loro : I' fui nato e cresciuto
Sovra 'l bel fiume d'Arno alla gran villa,
E son col corpo, ch'i' ho sempre avuto.

Un pécheur, entendant l'accent de la patrie,
Cria derrière nous : « Arrêtez, je vous prie,
Vous qui courez ainsi dans cet air nébuleux !

Je puis à ton désir satisfaire peut-être. »
A ces mots se tournant : « Attends-le, dit mon maitre,
Et puis règle tes pas sur les siens en marchant ».

Je m'arrête, et je vois un couple qui s'empresse,
Les yeux tendus vers nous et montrant grande presse,
Mais le pied lourd et lent, sous le poids trébuchant.

Quand ils nous eurent joints, ils se mirent, l'œil louche,
A me considérer, avant que de leur bouche
Un seul mot ne sortît, puis se parlant entre eux :

« L'un des deux est vivant; vois-le, comme il respire,
Et par quelle faveur, s'ils sont de notre empire,
S'en vont-ils dégagés du manteau douloureux ? »

Puis vers moi se tournant : « O Toscan, qui visites
La corporation des mornes hypocrites,
Quel homme es-tu ? dis-le, tu nous rendrais contents. »

— « Je suis né, j'ai grandi, leur dis-je tout tranquille,
Sur les bords du beau fleuve Arno, dans la grand'ville;
Je porte ici le corps que j'eus depuis ce temps.

Ma voi chi siete, a cui tanto distilla,
Quant'io veggio, dolor giù per le guance,
E che pena è in voi, che sì sfavilla?

E l'un rispose a me: Le cappe rance
Son di piombo sì grosse, che li pesi
Fan così cigolar le lor bilance.

Frati Godenti fummo, e Bolognesi,
Io Catalano, e costui Loderingo
Nomati, e da tua terra insieme presi,

Come suol esser tolto un uom solingo
Per conservar sua pace, e fummo tali,
Che ancor si pare intorno dal Gardingo.

Io cominciai: O frati, i vostri mali.....
Ma più non dissi: ch'a gli occhi mi corse
Un, crocifisso in terra con tre pali.

Quando mi vide, tutto si distorse,
Soffiando nella barba co' sospiri:
E 'l frate catalan, ch'a ciò s'accorse,

Mi disse: Quel confitto, che tu miri,
Consigliò i Farisei, che convenia
Porre un uom per lo popolo a' martiri.

Mais vous-mêmes, ô vous dont je vois la souffrance
Distiller sur vos traits des pleurs en abondance,
Quel est donc ce tourment qui vous fait resplendir? »

— « Ces chapes, répond l'un, sont d'or en apparence,
Mais dessous, c'est du plomb, et comme une balance
Nous craquons sous le poids qui nous force à gémir.

A Bologne autrefois nous étions joyeux frères :
Ta ville nous choisit au milieu de ses guerres,
Tous deux, moi Catalan et lui Loderingo ;

Isolés des partis, la cité confiante
Nous commettait sa paix : nous la fîmes brillante,
Comme on en voit encor la marque au Gardingo. » (2)

— « Moines, vos maux... » Ce fut tout ce que je pus dire :
Un homme était gisant sur le sol, ô martyre !
Cloué sur une croix, par trois pals attaché.

Cette ombre à mon aspect se tordit convulsive
En soufflant dans sa barbe et soupirant plaintive.
Catalan l'aperçut, et, s'étant approché,

Me dit : « Ce transpercé qui gît là contre terre
Dit aux Pharisiens qu'il était nécessaire
De mettre un homme à mort pour le salut commun (3). »

9

Attraversato e nudo è per la via,
Come tu vedi; ed è mestier, ch'el senta
Qualunque passa, com' ei pesa pria:

Ed a tal modo il suocero si stenta
In questa fossa, e gli altri del concilio,
Che fu per li Giudei mala sementa.

Allor vid' io maravigliar Virgilio
Sovra colui, ch'era disteso in croce
Tanto vilmente nell'eterno esilio.

Poscia drizzò al frate cotal voce:
Non vi dispiaccia, se vi lece, dirci,
S'alla man destra giace alcuna foce,

Onde noi amenduo possiamo uscirci
Senza costringer degli angeli neri,
Che vegnan d'esto fondo a dipartirci.

Rispose adunque: Più che tu non speri,
S'appressa un sasso, che dalla gran cerchia
Si muove e varca tutti i vallon feri;

Salvo che questo è rotto e nol coperchia:
Montar potrete su per la ruina,
Che giace in costa e nel fondo soperchia.

CHANT XXIII.

En travers du chemin jeté nu sous la foule
Ainsi que tu le vois, en passant, on le foule,
Et le malheureux sait ce que pèse chacun.

De son beau-père aussi cette fosse est l'asile ;
Il subit ce martyre avec tout le concile
Dont l'odieux arrêt fut aux Juifs si fatal.

Virgile contemplait, s'étonnant dans son âme,
La misérable croix où gisait l'ombre infâme.
Carcan d'ignominie en l'exil infernal.

Ensuite il adressa ces paroles au frère :
« Apprends-nous, s'il te plaît, sans nous être contraire,
S'il existe une issue à droite, où tous les deux

Nous puissions échapper à ces lieux redoutables,
Pour n'être pas réduits à recourir aux diables,
Anges noirs dont l'appui me paraît hasardeux. »

Catalan répondit : « il existe une roche
Plus près que tu ne crois, c'est comme un pont tout proche
Qui va sur les fossés depuis le grand mur rond.

Ici le roc brisé roula dans la carrière (4),
Mais vous pourrez gravir les décombres de pierre
Qui gisent sur la pente et recouvrent le fond. »

Lo Duca stette un poco a testa china,
Poi disse : Mal contava la bisogna
Colui, che i peccator di là uncina.

E 'l frate : Io udii già dire a Bologna
Del diavol vizi i assai, tra i quali udi',
Ch' egli è bugiardo e padre di menzogna.

Appresso 'l Duca a gran passi sen' gì
Turbato un poco d'ira nel sembiante :
Ond'io dagl' incarcati mi parti'

Dietro alle poste delle care piante.

Virgile s'arrêta, les yeux fixés à terre,
Et dit avec dépit : « Mal nous contait l'affaire
Ce démon qui là-bas harponne le pécheur ».

— « A Bologne autrefois, reprend l'ombre coupable,
J'ai souvent entendu parler des tours du diable :
On le traitait surtout de fourbe et de menteur ».

Mon guide alors partit à grands pas : un nuage
Avait comme assombri son calme et doux visage ;
Et, quittant les pécheurs sous la chape meurtris,

Je partis après lui, suivant ses pas chéris.

NOTES DU CHANT XXIII.

1. Frédéric II faisait brûler les coupables de lèse-majesté dans des chapes de plomb.

2. Napoleone Catalano et Loderingo des Andalos, tous les deux de Bologne, appartenaient à l'ordre des frères de Sainte-Marie appelés vulgairement Frères Joyeux, à cause de la joyeuse vie qu'ils menaient. Les Florentins leur confièrent concurremment l'autorité suprême, et l'on pouvait espérer qu'ils tiendraient la balance égale entre les partis, l'un ayant été choisi par le parti gibelin, l'autre par le parti guelfe, et tous deux étrangers à la ville. Mais peu de temps après leur élection, gagnés tout à fait par le parti guelfe, ils exilèrent les Gibelins et brûlèrent leurs maisons, entre autres le palais de Farinata degli Uberti situé dans un quartier de Florence appelé le Gardingo.

3. Saint Jean rapporte les paroles de Caïphe : *Expedit vobis ut unus moriatur homo pro populo et non tota gens pereat.*

4. Le pont de rochers se trouve donc rompu ici comme au bolge précédent, contrairement à ce qu'avait dit Malacoda à Virgile. (v. ch. XXI), et le poète s'aperçoit avec dépit que le démon l'avait trompé.

ARGUMENT DU CHANT XXIV.

Dante, soutenu par Virgile, arrive en suivant une montée escarpée et pénible au septième bolge, où sont punis les voleurs. Les ombres de cette autre espèce de fourbes s'enfuient nues et épouvantées dans l'enceinte jonchée d'horribles reptiles qui les poursuivent, les atteignent, les enlacent de leurs anneaux. Dante en voit une qui, sous la piqûre d'un serpent, tombe consumée sur le sol et renaît sur le champ de ses cendres. L'ombre se fait connaître : c'est Vanni Fucci, un voleur sacrilége; il prédit à Dante le triomphe des Noirs à Florence, qui devait précéder l'exil du poète.

CANTO VIGESIMOQUARTO

In quella parte del giovinetto anno,
Che 'l sole i crin sotto l'Aquario tempra,
E già le notti al mezzo dì sen' vanno:

Quando la brina in su la terra assempra
L'immagine di sua sorella bianca,
Ma poco dura alla sua penna tempra,

Lo villanello, a cui la roba manca,
Si leva, e guarda, e vede la campagna
Biancheggiar tutta, ond'ei si batte l'anca:

Ritorna a casa e qua e là si lagna,
Come 'l tapin, che non sa che si faccia:
Poi riede e la speranza ringavagna,

CHANT VINGT-QUATRIÈME.

A la fleur de l'année et quand l'astre du monde
Trempe dans le Verseau sa chevelure blonde,
Quand les nuits et les jours marchent d'un pas égal,

Quand le givre tombé sur la terre rappelle
L'image de sa sœur, limpide et blanc comme elle,
Et fond plus fugitif au soleil hivernal :

Le villageois naïf à qui manque le vivre
Se lève, et contemplant les champs couverts de givre
Qui blanchissent au loin, il se frappe le front,

Et, rentré sous son toit, il pleure d'abondance,
Comme un infortuné qui n'a plus d'espérance;
Puis il regarde encore, et l'espoir vif et prompt

Veggendo 'l mondo aver cangiata faccia
In poco d'ora e prende suo vincastro
E fuor le pecorelle a pascer caccia.

Così mi fece sbigottir lo Mastro,
Quand' io gli vidi sì turbar la fronte,
E così tosto al mal giunse lo 'mpiastro :

Chè come noi venimmo al guasto ponte,
Lo Duca a me si volse con quel piglio
Dolce, ch' io vidi in prima appiè del monte.

Le braccia aperse, dopo alcun consiglio
Eletto seco, riguardando prima
Ben la ruina e diedemi di piglio.

E come quei, che adopera ed istima,
Chè sempre par, che 'nnanzi si proveggia,
Così, levando me su per la cima

D'un ronchione, avvisava un'altra scheggia
Dicendo sovra : Sovra quella poi t'aggrappa :
Ma tenta pria, s' è tal, ch'ella ti reggia.

Non era via da vestito di cappa,
Chè noi a pena, ei lieve ed io sospinto,
Potevam su montar di chiappa in chiappa.

Lui revient : un rayon a changé la nature ;
Il conduit ses troupeaux à leur verte pâture
Et les précède armé du bâton pastoral.

Ainsi j'avais tremblé d'abord, voyant paraître
Le trouble du courroux sur le front de mon maître,
Aussi vite il plaça le baume sur le mal.

Comme nous arrivions au pont rompu, Virgile
Tourna vers moi son œil souriant et tranquille
Ainsi qu'au pied du mont je l'avais vu venir,

Parut se recueillir, puis avec assurance
Mesura du regard le roc, notre espérance
Et dans ses bras ouverts je me sentis saisir.

Et comme un artisan que son travail enchaîne,
Songe en faisant sa tâche à la tâche prochaine,
De même, en m'élevant sur un pan de rocher,

Mon maître en avisait un autre par avance,
Disant : « Çà maintenant, plus haut encore, avance ;
Mais cramponne-toi bien, pour ne pas trébucher !

Ici, porteurs de chape eussent perdu leur peine,
Puisque lui si léger, moi dans ses bras, à peine
Pouvions-nous lentement monter de bloc en bloc,

E se non fosse, che da quel precinto,
Più che dall' altro, era la costa corta,
Non so di lui : ma io sarei ben vinto.

Ma perchè Malebolge inver la porta
Del bassissimo pozzo tutta pende,
Lo sito di ciascuna valle porta,

Che l' una costa surge e l' altra scende :
Noi pur venimmo infine in su la punta,
Onde l' ultima pietra si scoscende.

La lena m' era del polmon sì munta
Quando fui su, ch' i' non potea più oltre,
Anzi m' assisi nella prima giunta.

Omai convien, che tu così ti spoltre :
Disse 'l Maestro : chè seggendo in piuma,
In fama non si vien, nè sotto coltre :

Senza la qual, chi sua vita consuma,
Cotal vestigio in terra di sè lascia,
Qual fummo in aere od in acqua la schiuma :

E però leva su, vinci l' ambascia
Con l' animo, che vince ogni battaglia,
Se col suo grave corpo non s' accascia.

Et si de ce côté cette escarpe pendante
Eût offert la longueur qu'avait la précédente,
Je serais, moi du moins, tombé mort sur le roc ;

Mais comme vers le puits que sa masse domine
Avec tous ses fossés Malebolge décline,
Chacun de ces vallons offre en son défilé

Tantôt un rocher bas, tantôt de hautes cimes.
Au sommet de la brèche enfin nous atteignîmes,
Sur le dernier débris de ce pont écroulé.

Lorsque je fus là-haut, j'avais si peu d'haleine
Que je ne pus aller plus avant : j'eus à peine
La force de m'asseoir en touchant le sommet.

« Allons, me dit le maître, allons, point de faiblesse !
Ce n'est pas sur la plume où s'endort la mollesse
Qu'à la gloire on parvient, ni sous le fin duvet.

Quand on a consumé ses jours sans renommée,
On ne laisse après soi qu'un souffle, une fumée,
Une trace semblable à l'écume des mers.

Lève-toi donc ! oppose à cette défaillance
La force de l'esprit, l'héroïque vaillance
Qui triomphe du corps et rend légers ses fers.

Più lunga scala convien, che si saglia :
Non basta da costoro esser partito :
Se tu m'intendi; or fa sì, che ti vaglia.

Levámi allor, mostrandomi fornito
Meglio di lena, ch' i' non mi sentia;
E dissi : Va, ch' i' son forte ed ardito.

Su per lo scoglio prendemmo la via,
Ch' era ronchioso, stretto e malagevole,
Ed erto più assai, che quel di pria.

Parlando andava per non parer fievole :
Onde una voce uscio dall' altro fosso,
A parole formar disconvenevole.

Non so che disse, ancor che sovra 'l dosso
Fossi dell'arco già, che varca quivi :
Ma chi parlava, ad ira parea mosso.

Io era volto in giù, ma gli occhi vivi
Non potean' ire al fondo per l' oscuro :
Perch' io Maestro, fa che tu arrivi

Dall' altro cinghio, e dismontiam lo muro:
Chè com' i' odo quinci e non intendo,
Così giù veggio e niente affiguro.

CHANT XXIV.

Il nous reste à gravir une échelle plus haute ;
Ce n'est rien que d'avoir atteint à cette côte ;
Si tu m'as entendu, fais-en profit ici. »

Je me levai montrant plus d'ardeur et de flamme
Que je ne m'en sentais dans le fond de mon âme,
Et je m'écriai : « Va, je suis fort et hardi ».

Nous gravîmes alors la pente rocailleuse ;
Elle était plus étroite encor, plus raboteuse,
Plus âpre sous le pied que le roc précédent.

Je parlais en marchant, pour cacher ma faiblesse.
Soudain de l'autre fosse une voix en détresse
Sortit, faisant ouïr un son rauque et strident.

Encore que je fusse au milieu du passage,
Je ne pus pas saisir le sens de ce langage,
Mais celui qui parlait paraissait en courroux.

Je me baissai pour voir au fond du gouffre sombre :
En vain; mes yeux vivants s'égaraient dans cette ombre;
« O maître, fis-je alors, avançons, pressons-nous ;

Dans le cercle prochain, j'ai hâte de descendre;
J'entends comme une voix, mais j'entends sans comprendre ;
Mes yeux plongent au fond, mais sans distinguer rien. »

Altra risposta, disse, non ti rendo,
Se non lo far : chè la dimanda onesta
Si dee seguir con l'opera, tacendo.

Noi discendemmo 'l ponte dalla testa,
Ove s'aggiunge con l'ottava ripa,
E poi mi fu la bolgia manifesta:

E vidivi entro terribile stipa
Di serpenti e di sì diversa mena,
Che la memoria il sangue ancor mi scipa.

Più non si vanti Libia con sua rena :
Che se Chelidri, Jaculi e Faree
Produce e Cencri con Anfesibena,

Nè tante pestilenzie, nè sì ree
Mostrò giammai con tutta l'Etiopia,
Nè con ciò, che di sopra 'l mar rosso ee.

Tra questa cruda e tristissima copia
Correvan genti nude e spaventate,
Senza sperar pertugio, o elitropia.

Con serpi le man dietro avean legate :
Quelle ficcavan per le ren la coda,
E 'l capo, e l eran dinanzi aggroppate.

« Ma réponse à ton vœu, repartit le poète,
Je la fais en marchant, car à demande honnête
On se rend ; il suffit ; parler n'est d'aucun bien ».

Il dit, et descendant le rocher, il arrive
Au point où le pont touche à la huitième rive.
Le bolge m'apparut alors dans son horreur.

Je vis, terrible aspect ! comme une masse énorme
De serpents si divers et de race et de forme,
Qu'à leur penser mon sang se glace de terreur.

Arrière la Libye aux brûlantes arènes !
Chélydres, Jaculi, Cérastes, Amphisbènes,
Tout ce qu'elle a produit de monstres, de fléaux,

Ne saurait égaler cet horrible assemblage,
Encor qu'on y joignît l'Éthiopie et la plage
Que la mer Rouge borde avec ses grandes eaux.

A travers cet essaim venimeux et féroce
Nus et glacés d'effroi des pécheurs dans la fosse
Sans abri, sans espoir couraient en se sauvant.

Des serpents leur liaient les deux mains par derrière,
Leur plantaient dans les reins leur tête meurtrière
Et venaient s'agrafer sur leur cou par-devant.

Ed ecco ad un, ch' era da nostra proda,
S'avventò un serpente, che 'l trafisse
Là dove 'l collo alle spalle s' annoda.

Ne *O* sì tosto mai, nè *I* si scrisse,
Com' ei s' accese e arse, e cener tutto
Convenne che cascando divenisse :

E poi che fu a terra sì distrutto,
La cener si raccolse, e per sè stessa
In quel medesmo ritornò di butto :

Così per li gran savi si confessa,
Che la fenice muore, e poi rinasce,
Quando al cinquecentesimo anno appressa :

Erba, nè biada in sua vita non pasce :
Ma sol d'incenso lagrime e d' amomo,
E nardo e mirra son l' ultime fasce.

E quale è quei che cade e non sa como,
Per forza di demon ch'a terra il tira,
O d'altra oppilazion; che lega l' uomo,

Quando si lieva, che 'ntorno si mira,
Tutto smarrito dalla grande angoscia,
Ch'egli ha sofferta e guardando sospira :

CHANT XXIV.

Et voici qu'un pécheur dans sa fuite inutile
Passant auprès de nous, sur son dos un reptile
S'élance tout à coup et lui perce le col.

Rapide comme un trait qui glisse de la plume,
Sous le dard du serpent le malheureux s'allume,
Brûle et tombe réduit en cendres sur le sol.

Mais ces cendres à terre à peine dispersées,
Je les vois aussitôt se joindre ramassées
Et reformer le corps tel qu'il était d'abord.

De même le phénix, au dire des grands sages,
Quand après cinq cents ans il cède au poids des âges,
Meurt, et sur son bûcher renaît après sa mort.

Jamais d'herbe ou de grain il ne fait sa pâture,
Mais de larmes d'encens, d'amome encor plus pure,
Et de myrrhe et de nard, il jonche son bûcher.

Et tel un possédé que le démon agite,
Ou qui, sous une étreinte invisible et subite,
Tombe, sans voir le coup qui l'a fait trébucher ;

Alors qu'il se relève, il promène sa vue
Tout à l'entour de lui, l'âme encor tout émue
De ce terrible accès, hagard et soupirant.

Tal' era 'l peccator levato poscia.
O giustizia di Dio quanto è severa,
Che cotai colpi per vendetta croscia!

Lo Duca il dimandò poi, chi egli era :
Perch' ei rispose : io piovvi di Toscana
Poco tempo è in questa gola fera.

Vita bestial mi piacque e non umana,
Sì come a mul, ch'io fui : son Vanni Fucci
Bestia, e Pistoia mi fu degna tana.

Ed io al Duca : Dilli, che non mucci,
E dimanda, qual colpa quaggiù 'l pinse :
Ch'io 'l vidi uom già di sangue e di corrucci.

E 'l peccator, che intese, non s'infinse,
Ma drizzò verso me l'animo e 'l volto,
E di trista vergogna si dipinse;

Poi disse : Più mi duol, che tu m' hai colto
Nella miseria, dove tu mi vedi,
Che quand'io fui dell' altra vita tolto :

Io non posso negar quel, che tu chiedi :
In giù son messo tanto, perch'i' fui
Ladro alla sagrestia de' belli arredi :

Ainsi se releva debout l'ombre coupable.
O justice de Dieu, sévère, inexorable !
A quels coups de vengeance on s'expose en péchant !

Mon guide alors lui dit de se faire connaître :
« Depuis peu, répondit le pécheur à mon maître,
Je tombai de Toscane au gouffre où tu me voi.

J'ai préféré sur terre être brute qu'être homme
Vrai mulet que je fus : c'est Fucci qu'on me nomme,
J'eus pour antre Pistoie, un nid digne de moi. » (1)

— « Commande-lui d'attendre encor, dis-je à Virgile ;
Qu'il dise quel péché dans ce bas-fond l'exile,
Je ne le connaissais que pour un égorgeur. » (2)

Le damné m'entendit, et sans quitter la place,
Il se tourna vers moi, me regardant en face,
Mais son front se couvrit d'une triste rougeur

Puis il me dit : « J'éprouve une souffrance amère
Que tu puisses ainsi me voir dans ma misère ;
Le coup qui m'a ravi le jour fut moins cruel.

Mais il faut te répondre. En ce gouffre j'expie
Le double tort d'avoir d'une main trop impie
Soustrait les vases saints, ornement de l'autel,

E falsamente già fu apposto altrui,
Ma perchè di tal vista tu non godi,
Se mai sarai di fuor de' luoghi bui.

Apri gli orecchi al mio annunzio, ed odi
Pistoia in pria di Negri si dimagra,
Poi Firenze rinnuova genti e modi.

Tragge Marte vapor di val di Magra,
Ch'è di torbidi nuvoli involuto:
E con tempesta impetuosa ed agra

Sopra campo Picen fia combattuto:
Ond'ei repente spezzerà la nebbia,
Sì ch'ogni bianco ne sarà feruto:

E detto l'ho, perchè doler ten'debbia.

Et laissé faussement accuser l'innocence.
Mais pour que tu sois moins joyeux de ma souffrance,
Si tu revois le jour loin de ces lieux de pleurs,

Écoute ce présage, et calme un peu ta joie.
Du parti noir d'abord se purgera Pistoie (3);
Florence change alors et de peuple et de mœurs;

Mais, du val de Magra, Mars, le dieu des carnages,
Soulève un tourbillon entouré de nuages;
L'ouragan tombera, terrible, avec fureur,

Au jour du grand combat, dans les champs de Picène.
C'est là que la nuée éclatera soudaine.
Pas un Blanc qui ne soit frappé par le vainqueur.

Je te le fais savoir pour attrister ton cœur.

NOTES DU CHANT XXIV.

1. Vanni Fucci, bâtard d'un noble de Pistoie (ce qu'il exprime en se comparant à un mulet) avait volé les vases et les ornements sacrés de l'église Saint-Jacques à Pistoie; il se tira d'affaire en laissant accuser et pendre comme auteur du vol un de ses amis, Vanni della Nona qui n'avait été que complaisant recéleur du trésor volé.

2. Ne le connaissant que pour un homme de sang et de violence, pour un égorgeur, Dante s'étonne de le rencontrer dans l'un des bolges du cercle de la Fourbe. Il lui semble qu'il devrait habiter le cercle des violents.

3. En 1301, les Blancs de Pistoie, secondés par ceux de Florence, chassèrent les Noirs de leur ville. Mais dans la même année, les Noirs prirent une revanche éclatante dans les campagnes de Picène. Le marquis Marcel Malaspina les commandait. Ce fut à la suite de ces révolutions que Dante fut exilé.

ARGUMENT DU CHANT XXV.

Le voleur ayant achevé de parler, s'enfuit en blasphémant; un Centaure, vomissant des flammes, le poursuit Trois autres esprits se présentent. Un reptile monstrueux s'élance sur l'un d'eux, l'enveloppe, l'embrasse dans une horrible étreinte, tant que les deux substances finissent par se confondre. Un autre serpent vient percer l'un des eux autres esprits, et ici, par une métamorphose d'un nouveau genre, l'homme devient serpent et le serpent se change en homme.

CANTO VIGESIMOQUINTO

Al fine delle sue parole il ladro
Le mani alzò con ambeduo le fiche,
Gridando: Togli, Dio, ch'a te le squadro.

Da indi in qua mi fur le serpi amiche,
Perch'una gli s'avvolse allora al collo,
Come dicesse: i' non vo', che più diche:

Ed un'altra alle braccia e rilegollo
Ribadendo se stessa sì dinanzi,
Che non potea con esse dare un crollo.

Ah Pistoia, Pistoia! che non stanzi
D'incenerarti, sì che più non duri,
Poi che 'n mal far lo seme tuo avanzi.

CHANT VINGT-CINQUIÈME.

En achevant ces mots, le larron, ombre impie,
Fait la figue en levant les deux mains, et s'écrie :
« Attrape, Dieu du ciel, c'est un cadeau pour toi! »

Mais alors un serpent (et depuis je les aime)
Se jette autour du cou du pécheur qui blasphème,
Comme pour dire : il faut te taire et rester coi.

Un autre en même temps vient lui serrer l'échine,
Et, nouant par devant ses bras sur sa poitrine,
Le frappe de silence et d'immobilité.

Ah, Pistoie! ah, Pistoie! O ville infâme, allume,
Et de tes propres mains, un feu qui te consume,
Puisqu'ainsi tu grandis dans ta perversité!

Per tutti i cerchi dello 'nferno oscuri,
Spirto non vidi in Dio tanto superbo,
Non quel, che cadde a Tebe giù de' muri.

Ei si fuggì, che non parlò più verbo :
Ed io vidi un centauro pien di rabbia,
Venir gridando : Ov' è, ov' è l' acerbo ?

Maremma non cred' io, che tante n' abbia.
Quante bisce egli avea su per la groppa,
Infino, ove comincia nostra labbia.

Sopra le spalle dietro dalla coppa,
Con l' ale aperte gli giaceva un draco,
Lo quale affuoca qualunque s'intoppa.

Lo mio Maestro disse : Questi è Caco,
Che sotto 'l sasso di monte Aventino,
Di sangue fece spesse volte laco.

Non va co' suo' fratei per un cammino,
Per lo furar frodolente ch' ei fece
Del grande armento, ch' egli ebbe a vicino :

Onde cessar le sue opere biece
Sotto la mazza d' Ercole, che forse
Gliene diè cento, e non sentì le diece.

Dans les cercles d'enfer aucune âme damnée
N'avait, même en comptant le thébain Capanée,
Bravé si follement le ciel, le front levé.

Sans ajouter un mot, il avait pris la fuite.
Plein de rage un centaure accourt à sa poursuite
Criant : Le misérable! où donc s'est-il sauvé?

Les Maremmes, je crois, dans leurs champs infertiles
N'ont jamais à la fois nourri tant de reptiles
Que sur son large dos ce monstre n'en portait.

A l'attache du col, sur ses épaules nues,
Un dragon se tenait les ailes étendues
Et vomissait du feu sur quiconque approchait.

« C'est Cacus (1), dit mon maître, un brigand sanguinaire
Qui du mont Aventin avait fait son repaire
Et qui changea souvent son antre en lac de sang.

Il n'est pas dans le cercle où cheminent ses frères,
A cause du larcin que ses mains téméraires
Commirent sur les bœufs dans l'Aventin paissant.

Ce fut le dernier trait de ce monstre homicide.
Il tomba sous les coups vengeurs du grand Alcide.
Il en reçut bien cent : dix l'avaient couché mort. »

Mentre che sì parlava, ed ei trascorse,
E tre spiriti venner sotto noi,
De' quai nè io, nè 'l Duca mio s'accorse,

Se non, quando gridàr : Chi siéte voi?
Perchè nostra novella si ristette,
Ed intendemmo pure ad essi poi.

I' non gli conoscea : ma e' seguette,
Come suol seguitar per alcun caso,
Che l'un nomare all'altro convenette,

Dicendo : Cianfa dove fia rimaso?
Perch'io, acciocchè 'l Duca stesse attento,
Mi posi 'l dito su dal mento al naso.

Se tu se' or, Lettore, a creder lento
Ciò, ch'io dirò, non sarà maraviglia :
Che io, che 'l vidi, appena il mi consento.

Com'io tenea levate in lor le ciglia;
Ed un serpente con sei piè si lancia,
Dinanzi all'uno, e tutto a lui s'appiglia.

Co' piè di mezzo gli avvinse la pancia,
E con gli anterior le braccia prese,
Poi gli addentò e l'una e l'altra guancia.

CHANT XXV.

Comme il parlait ainsi, disparut le Centaure.
Et trois esprits vers nous de s'avancer encore,
De moi comme du maître inaperçus d'abord,

Qui se mirent ensemble à nous crier : Qui vive?
Virgile fit silence, et l'oreille attentive,
Nous restions l'œil fixé sur ces trois malheureux.

Je n'avais d'aucun d'eux reconnu la figure ;
Mais un des trois, ainsi qu'il advient d'aventure
Vint à dire tout haut le nom de l'un d'entre eux :

« Qu'est devenu, Cianfa, qu'on ne voit plus paraître? »
A ces mots, pour fixer l'attention du maître,
Je fis signe en posant sur ma lèvre deux doigts.

Maintenant, ô lecteur, si dure est ton oreille
A ce que je dirai, point ne sera merveille.
Moi qui l'ai vu, moi-même, à peine si j'y crois.

Tandis que mon regard entre les trois balance,
Se dressant sur six pieds un reptile s'élance
Et sur l'un des pécheurs s'attache avec transport,

De ses pieds du milieu lui comprime le ventre,
De ses pieds de devant lui prend les bras, l'éventre,
Puis lui plonge ses dents dans la joue et le mord ;

Gli diretani alle cosce distese
E miseli la coda tr'amendue,
E dietro per le ren' su la ritese.

Ellera abbarbicata mai non fue
Ad alber sì, come l'orribil fiera
Per l'altrui membra avviticchiò le sue :

Poi s'appiccàr come di calda cera
Fossero stati, e mischiàr lor colore :
Nè l' un, nè l'altro già parea quel ch' era.

Come procede innanzi dall'ardore,
Per lo papiro suso un color bruno,
Che non è nero ancora, e 'l bianco muore.

Gli altri due riguardavano, e ciascuno
Gridava : Ome! Agnel, come ti muti!
Vedi, che già non se' nè duo, nè uno.

Già eran li duo capi un divenuti,
Quando n'apparver duo figure miste,
In una faccia, ov' eran duo perduti.

Fersi le braccia duo di quattro liste :
Le cosce con le gambe, il ventre, e 'l casso
Divenner membra, che non fur mai viste.

CHANT XXV.

Colle ses pieds d'arrière aux deux cuisses qu'il presse,
Passe sa longue queue entre elles, la redresse
Et la tord par derrière au-dessus du damné.

Le lierre qui s'attache et prend racine à l'orme
N'a pas les nœuds puissants qu'avait le monstre énorme
Nouant, greffant son corps sur cet infortuné.

Puis ensemble voici qu'ombre et serpent se fondent
Comme une cire en feu ; leurs couleurs se confondent.
Aucun ne paraît plus déjà ce qu'il était.

Ainsi le papier vierge au feu qui le dévore
Commence par brunir : il n'est pas noir encore,
Mais la tache grandit et le blanc disparaît.

Les deux autres, témoins de ces affreux mélanges,
Criaient ensemble : « Hélas ! Agnel, comme tu changes !
Vois, tu n'es plus toi-même et vous n'êtes plus deux » !

Les deux têtes s'étaient en une réunies ;
On ne distinguait plus des deux faces brunies
Qu'une seule où leurs traits s'entremêlaient hideux.

Quatre membres fondus forment deux bras énormes ;
La poitrine et les flancs et les jambes difformes
S'assemblent en un corps qu'on ne peut concevoir.

Ogni primaio aspetto ivi era casso :
Due, e nessun l'immagine perversa
Parea, e tal sen' gía con lento passo.

Come 'l ramarro sotto la gran fersa
De' dì canicular cangiando siepe,
Folgore par, se la via attraversa.

Così parea, venendo verso l'epe
De gli altri due, un serpentello acceso,
Livido e nero, come gran di pepe.

E quella parte, d'onde prima è preso
Nostro alimento, all'un di lor trafisse :
Poi cadde giuso innanzi lui disteso.

Lo trafitto il mirò, ma nulla disse :
Anzi co' piè fermati sbadigliava,
Pur come sonno o febbre l'assalisse.

Egli il serpente, e quei lui riguardava :
L'un per la piaga, e l'altro per la bocca
Fummavan forte, e 'l fummo s'incontrava.

Taccia Lucano omai, là dove tocca
Del misero Sabello, e di Nassidio,
E attenda a udir quel, ch'or si scocca :

CHANT XXV.

Pas un trait, pas un air que l'on pût reconnaître :
Être double ou plutôt ce n'était plus un être,
Et le monstre à pas lents se mit à se mouvoir.

Comme, sous les ardeurs d'un jour caniculaire,
Le lézard s'échappant du buisson solitaire
Glisse, rapide éclair, au travers du chemin,

Tel accourut alors vers les deux autres âmes
Un serpent plus petit, le corps tout ceint de flammes
Et livide et tout noir comme un grain de cumin.

Il perça l'une au creux du ventre, à la partie
D'où nous puisons d'abord l'aliment et la vie,
Puis à ses pieds, soudain, je le vis qui tombait.

Le blessé sans parler regarda le reptile,
La bouche grand' ouverte, et debout, immobile,
Comme pris de sommeil ou de fièvre, il bâillait.

Ils jetaient l'un sur l'autre un regard sombre et louche.
L'un fumait par sa plaie et l'autre par la bouche ;
Les vapeurs se mêlaient et les couvraient tous deux.

Arrière ici ta muse, ô Lucain ! Qu'on oublie
Sabellius et Naside aux déserts de Libye ! (2)
Écoutez ce récit : il est plus merveilleux.

Taccia di Cadmo, e d'Aretusa Ovidio:
Che se quello in serpente, e quella in fonte
Converte, poetando, i' non lo 'nvidio:

Che duo nature mai a fronte a fronte
Non trasmutò, sì che amendue le forme
A cambiar lor materie fosser pronte.

Insieme si risposero a tai norme,
Che 'l serpente la coda in forca fesse,
E 'l feruto ristringe insieme l'orme.

Le gambe con le cosce seco stesse
S'appicàr sì, che 'n poco la giuntura
Non facea segno alcun, che si paresse.

Toglìea la coda fessa la figura,
Che si perdeva là, e la sua pelle
Si facea molle, e quella di là dura.

Io vidi entrar le braccia per l'ascelle,
E i duo piè della fiera, ch'eran corti,
Tanto allungar, quanto accorciavan quelle.

Poscia li piè dirietro insieme attorti
Diventaron lo membro, che l'uom cela,
E 'l misero del suo n'avea duo porti.

CHANT XXV.

Arrière et l'Aréthuse et le Cadmus d'Ovide,
L'un en serpent changé, l'autre en source limpide!
Je ne suis point jaloux de lui, sans trop d'orgueil.

Il n'a pas échangé deux êtres face à face,
Deux êtres différents de nature et de race,
Troquant forme et matière, et cela d'un clin d'œil.

Homme et bête alternant, ô changement bizarre!
Chez le serpent la queue en fourche se sépare ;
Le blessé réunit ses deux pieds et les joint.

Et la jambe à la jambe et la cuisse à la cuisse
Se soudent fortement, si bien que l'œil ne puisse
Distinguer seulement la jointure et le point.

La fourche du serpent prend la forme précise
Des jambes que perd l'homme, et sa peau s'égalise,
Et chez l'homme la peau s'écaille et se durcit.

Dans l'aisselle rentrant ses bras se rétrécissent;
Les pieds courts du serpent au contraire grandissent
D'autant que du damné le bras se raccourcit.

Ceux d'arrière tordus, et qu'ensemble il attache,
Forment chez le dragon le membre que l'on cache,
Tandis qu'en deux celui de l'autre s'est fendu.

Mentre che 'l fummo l'uno e l'altro vela
Di color nuovo, e genera 'l pel suso
Per l'una parte, e dall'altra il dipela,

L'un si levò, e l'altro cadde giuso,
Non torcendo però le lucerne empie,
Sotto le quai ciascun cambiava muso.

Quel, ch'era dritto, il trasse 'n ver le tempie,
E di troppa materia, che 'n là venne,
Uscir gli orecchi delle gote scempie:

Ciò, che non corse in dietro, e si ritenne,
Di quel soverchio fe' naso alla faccia,
E le labbra ingrossò quanto convenne:

Quel, che giaceva, il muso innanzi caccia,
E gli orecchi ritira per la testa,
Come face le corna la lumaccia:

E la lingua, ch'avveva unita e presta,
Prima a parlar, si fende, e la forcuta
Nell'altro si richiude, e 'l fummo resta.

L'anima, ch'era fiera divenuta,
Si fugge sufolando per la valle,
E l'altro dietro a lui, parlando sputa.

CHANT XXV.

Cependant la fumée entourant les deux ombres
Et les enveloppant de ses teintes plus sombres
Donne au monstre le poil qui par l'homme est perdu.

Le reptile se dresse et l'homme tombe et rampe.
Et leurs yeux sont restés fixes comme une lampe
Sous les feux de laquelle ils échangent leurs traits.

Celui qui s'est dressé vers les tempes ramène
Son museau, du trop-plein de sa chair inhumaine
Sur l'une et l'autre joue une oreille apparaît.

Au milieu cependant, quelque chair qui s'arrête
Du nez sur le visage a dessiné l'arête
Et de la lèvre aussi figuré le contour.

L'homme, en serpent changé, pousse en avant sa face
Et rentre chaque oreille ainsi qu'une limace
Qui retire et qui sort ses cornes tour à tour.

Sa langue unie et lisse et preste à la parole
Se fend, et du serpent la langue se recolle,
Se ferme, et la fumée en l'air s'évanouit.

L'ombre qui du reptile avait pris la figure
Fuit alors en sifflant dans la vallée obscure,
L'autre parle en crachant dessus et la poursuit,

Poscia gli volse le novelle spalle,
E disse all'altro: I' vo', che Buoso corra,
Com' ho fatt' io, carpon per questo calle.

Così vid' io la settima zavorra
Mutare, e trasmutare, e qui mi scusi
La novità, se fior la lingua abborra.

E avvegnachè gli occhi miei confusi
Fossero alquanto, e l'animo smagato,
Non poter quei fuggirsi tanto chiusi,

Ch'io non scorgessi ben Puccio Sciancato:
Ed era quei, che sol de' tre compagni,
Che venner prima, non era mutato:

L'altro era quel, che tu, Gaville, piagni.

Puis lui tournant le dos qu'à présent il possède,
Il dit à l'autre esprit : « Que Buso me succède,
Qu'il coure dans la fosse en rampant à son tour ! »

Tels je vis ces esprits dans la septième lande
Changés et transformés : que la nouveauté grande
M'excuse, si ma plume a fait quelque détour !

Or, bien que tant d'horreurs eussent troublé ma vue
Et que mon âme en fût encor tout éperdue,
Ils ne purent si bien s'esquiver, les voleurs,

Que Puccio Scanciato ne se fît reconnaître.
De ces trois que d'abord j'avais vus apparaître,
Lui seul avait gardé sa forme et ses couleurs.

Le troisième, ô Gavil, t'a coûté bien des pleurs (3).

NOTES DU CHANT XXV.

1. Ce Cacus, transformé ici en Centaure, était, suivant la Fable, un géant monstrueux moitié homme, moitié satyre. Dante se souvint en ce passage de son maître Virgile :

> Semperque recenti
> Cæde tepebat humus, foribusque affixa superbis
> Ora virum tristi pendebant pallida tabo.
>
> (Æn. lib. vııı).

2. Voir dans la Pharsale, lib. ıx, la mort des soldats Sabellus et Nasidius piqués par des serpents.

3. Les cinq larrons, tous de Florence, sont : Agnel Brunelleschi, Buoso de Abbati, Puccio Scanciato, Cianfa et Francesco Guercio Cavalcante. Les parents et les amis de ce dernier vengèrent sa mort sur les habitants de Gavil, bourg situé dans le val d'Arno, où il avait été tué.

ARGUMENT DU CHANT XXVI.

Les deux poètes sont arrivés au huitième bolge; ils y voient briller une infinité de flammes dont chacune enveloppe, comme un vêtement, un pécheur qu'elle dérobe à la vue. C'est ainsi que sont punis les fourbes, mauvais conseillers, instigateurs de perfidie et de trahison. Une de ces langues de feu, se partageant comme en deux branches vers son extrémité, renferme deux ombres à la fois, celle d'Ulysse et celle de Diomède. A la prière de Virgile, Ulysse raconte ses courses aventureuses, son naufrage et sa mort.

CANTO VIGESIMOSESTO

Godi, Firenze, poi che se' sì grande,
Che per mare, e per terra batti l'ali,
E per lo 'nferno il tuo nome si spande.

Tra gli ladron trovai cinque cotali
Tuoi cittadini : onde mi vien vergogna,
E tu in grande onoranza non ne sali.

Ma se presso al matin del ver si sogna,
Tu sentirai di qua da picciol tempo,
Di quel, che Prato, non ch'altri t'agogna :

E se già fosse, non saria per tempo :
Così foss'ei, da che pure esser dee :
Che più mi graverà, com' più m'attempo.

CHANT VINGT-SIXIÈME.

Tu peux te réjouir, glorieuse Florence !
Sur la terre et la mer ton aile plane immense
Et ton nom se répand jusqu'au fond de l'enfer !

Parmi ces hauts larrons qu'a frappés l'anathème,
J'en ai vu cinq des tiens : j'en ai rougi moi-même,
Et toi, de cet honneur, mon pays, es-tu fier?

Mais, j'en crois du matin les songes infaillibles (1);
Bientôt tu sentiras l'effet des vœux terribles
Que Prato, Prato même a formés contre toi (2).

Justice inévitable et déjà bien tardive !
Puisqu'elle doit frapper, plaise à Dieu qu'elle arrive !
Avec l'âge, le coup sera plus lourd pour moi.

Noi ci partimmo, e su per le scalee,
Che n'avean fatte i borni a scender pria,
Rimontò 'l Duca mio e trasse mee.

E proseguendo la solinga via
Tra le schegge, e tra' rocchi dello scoglio,
Lo piè senza la man non si spedia.

Allor mi dolsi, ed ora mi ridoglio,
Quando drizzo la mente a ciò ch' io vidi,
E più lo 'ngegno affreno, ch' io non soglio;

Perchè non corra, che virtù nol guidi;
Sì che se stella buona, o miglior cosa
M' ha dato 'l ben, ch' io stesso nol m' invii.

Quante il villan, ch' al poggio si riposa,
Nel tempo, che colui, che 'l mondo schiara,
La faccia sua a noi tien meno ascosa,

Come la mosca cede alla zanzara,
Vede lucciole giù per la vallea,
Forse colà, dove vendemmia ed ara;

Di tante fiamme tutta risplendea
L' ottava bolgia, sì com' io m' accorsi,
Tosto che fui là 've 'l fondo parea.

CHANT XXVI.

Nous partîmes alors, et contraints de reprendre
Le rocher qui servit d'escalier pour descendre,
Mon guide remonta, m'entraînant avec lui.

Et poursuivant ainsi le chemin solitaire
Par les aspérités du rocher circulaire,
Pour dégager le pied, la main servait d'appui.

J'étais triste, et mon âme est encore assiégée
Par ces poignants tableaux qui l'avaient affligée;
Et je dompte mon cœur autant que je le peux,

Pour marcher dans la voie où la vertu me guide,
Et ne pas m'envier, en perdant son égide,
Les dons reçus du ciel ou de mon astre heureux.

Ainsi qu'un villageois couché sur la colline,
Quand le soleil d'été, qui sur le mont décline
A dardé plus longtemps ses rayons bienfaisants,

A l'heure où le cousin vole seul et murmure,
Au milieu des épis et de la vigne mûre,
Voit en foule à ses pieds briller les vers luisants :

Ainsi, quand du rocher mon pied toucha la cime,
J'aperçus mille feux; tout au fond de l'abîme
Dans la huitième fosse ensemble ils éclataient.

E qual colui, che si vengiò con gli orsi,
Vide 'l carro d'Elia al dipartire,
Quando i cavalli al Cielo erti levorsi,

Che nol potea sì con gli occhi seguire,
Che vedesse altro, che la fiamma sola,
Sì come nuvoletta, in su salire:

Tal si movea ciascuna per la gola
Del fosso, chè nessuna mostra il furto,
Ed'ogni fiamma un peccatore invola.

Io stava sovra 'l ponte a veder surto,
Sì che s' io non avessi un ronchion preso,
Caduto sarei giù senza esser' urto.

E 'l Duca, che mi vide tanto atteso,
Disse: Dentro da' fuochi son gli spiriti:
Ciascun si fascia di quel, ch'egli è inceso.

Maestro mio, risposi, per udirti
Son io più certo: ma già m'era avviso,
Che così fusse, e già voleva dirti,

Chi è 'n quel fuoco, che vien sì diviso
Di sopra, che par surger della pira,
Ov' Eteócle col fratel fu miso?

CHANT XXVI.

Tel, celui dont les ours vengèrent la querelle (3)
Vit fuir le char d'Élie à la voûte immortelle,
Quand les chevaux de feu vers le ciel l'emportaient :

Son œil qui le suivait, perdu dans l'atmosphère,
N'aperçut bientôt plus qu'une flamme légère,
Comme un faible nuage égaré dans le ciel ;

Tel, dans ce gouffre ouvert où le regard se noie,
Je voyais se mouvoir, en me cachant leur proie,
Ces feux qui recélaient chacun un criminel !

Je penchais pour mieux voir et le corps et la tête ;
Ma main seule du roc tenait encor l'arête
Et m'empêchait de choir dans le gouffre béant.

Et mon guide observant ma pensée attentive,
Me dit : « Dans chaque flamme est une âme captive ;
C'est un habit de feu qui recouvre en brûlant. »

— « O mon maître, ta voix confirme, répondis-je,
Le soupçon que j'avais déjà de ce prodige.
Déjà je m'apprêtais même à te demander

Quel est ce feu qui là s'élève et se partage,
Comme sur le bûcher où ranimant leur rage
Deux frères ennemis ne purent s'accorder ? » (4)

13.

Risposemi : Là entro si martira
Ulisse, e Diomede, e così insieme
Alla vendetta corron, com'all'ira :

E dentro dalla lor fiamma si geme
L'aguato del caval, che fe' la porta,
Ond' uscì de' Romani 'l gentil seme.

Piangevisi entro l'arte, perchè morta
Deidamia ancor si duol d'Achille;
E del Palladio pena vi si porta.

S' ei posson dentro da quelle faville
Parlar, diss' io, Maestro, assai ten' prego,
E ripriego, che 'l priego vaglia mille,

Che non mi facci dell' attender niego,
Fin che la fiamma cornuta qua vegna :
Vedi, che del desio ver lei mi piego.

Ed egli a me : La tua preghiera è degna
Di molta lode : ed io però l' accetto :
Ma fa che la tua lingua si sostegna.

Lascia parlare a me : ch' i' ho concetto
Ciò che tu vuoi : ch' e' sarebbero schivi,
Perch'ei fur Greci, forse del tuo detto.

CHANT XXVI.

Il me dit : « Cette flamme, ineffable supplice,
Enferme dans son sein Diomède avec Ulysse,
Unis dans le forfait, unis dans le tourment.

Perfides tous les deux, ils payent dans la flamme
Leur fourbe, et ce cheval qui, funeste à Pergame,
Fut du monde romain le premier fondement.

Ils y pleurent la ruse avec Achille ourdie
Dont morte les accuse encor Déidamie,
Et du Palladium le rapt audacieux. »

— « O maître, dis-je alors, si ces illustres âmes
Peuvent se faire entendre au travers de leurs flammes,
Qu'une prière en vaille un millier à tes yeux!

Ah! par grâce, attendons! souffre que je m'arrête
Jusqu'à ce que la flamme élève ici sa tête.
Vois, le désir me tient penché vers ces héros! »

Il me dit : « Ta prière est bien digne sans doute
D'être prise en faveur, et ton maître l'écoute ;
Mais garde le silence et te tiens en repos.

Laisse-moi leur parler ; au fond de ta pensée
Je sais lire, et peut-être à ta voix empressée
Étant Grecs, ils feraient un accueil méprisant. »

Poichè la fiamma fu venuta, quivi
Ove parve al mio Duca tempo e loco,
In questa forma di parlare audivi:

O voi, che siete duo dentro a un fuoco,
S'io meritai di voi, mentre ch'io vissi,
S'io meritai di voi assai o poco,

Quando nel mondo gli alti versi scrissi,
Non vi movete: ma l'un di voi dica,
Dove per lui perduto a morir gissi.

Lo maggior corno della fiamma antica
Cominciò a crollarsi, mormorando,
Pur come quella, cui vento affatica.

Indi la cima qua e là menando,
Come fosse la lingua, che parlasse
Gittò voce di fuori, e disse: Quando

Mi diparti' da Circe, che sottrasse
Me più d'un anno là presso a Gaeta
Prima che sì Enea la nominasse:

Nè dolcezza del figlio, nè la piéta
Del vecchio padre, nè 'l debito amore,
Lo qual dovea, Penelope far lieta,

Le feu montait toujours, et quand durent paraître
L'endroit et le moment propices à mon maître,
Je l'entendis qui prit la parole en disant :

« Vous qu'une même flamme enveloppe et dévore,
Si je vous ai servis quand je vivais encore,
Et fait sur vos tombeaux quelques myrtes fleurir,

Alors que j'écrivis mon immortel ouvrage,
Arrêtez ! qu'un de vous dise sur quel rivage,
Artisan de sa perte il est allé mourir ! »

Alors le plus grand bras de la flamme coupable
Vacille et fait entendre un murmure semblable
Au sifflement du feu tourmenté par le vent.

Puis voici que sa crête en tous sens se promène,
S'élevant, s'abaissant comme une langue humaine
Et profère ces mots exhalés sourdement :

« Loin des bords appelés Gaëte par Énée,
Lorsque je pris la fuite après plus d'une année
Et rompis de Circé le filet enchanteur;

Ni le doux souvenir d'un fils, ni mon vieux père,
Ni l'amour qu'attendait l'épouse toujours chère,
Qui seul de Pénélope aurait fait le bonheur,

13.

Vincer potero dentro a me l'ardore,
Ch'i' ebbi a divenir del mondo esperto,
E degli vizi umani, e del valore:

Ma misimi per l'alto mare aperto,
Sol con un legno, e con quella compagna
Picciola, dalla qual non fui deserto.

L'un lito, e l'altro vidi insin la Spagna,
Fin nel Marocco, e l'isola de' Sardi,
E l'altre, che quel mare intorno bagna.

Io e i compagni eravam vecchi e tardi,
Quando venimmo a quella foce stretta,
Ov' Ercole segnò li suoi riguardi,

Acciocchè l'uom più oltre non si metta;
Dalla man destra mi lasciai Sibilia,
Dall' altra già m'avea lasciata Setta.

O frati, dissi, che per cento milia
Perigli siete giunti all' Occidente,
A questa tanto picciola vigilia

De' vostri sensi, ch'è del rimanente,
Non vogliate negar l'esperïenza,
Diretro al Sol, del mondo senza gente.

CHANT XXVI.

Rien ne put vaincre en moi cette ardeur sans seconde,
Qui me brûlait de voir et d'étudier le monde
Et l'homme et ses vertus et sa perversité.

Et sur la haute mer tout seul je me hasarde
Avec un seul navire et cette faible garde
Qui partagea mon sort et ne m'a point quitté.

J'ai vu, battant les flots en tous sens, l'Ibérie,
Les côtes du Maroc, la Sardaigne fleurie,
Tous les bords que la mer baigne de vertes eaux.

Nous étions, mes amis et moi, brisés par l'âge,
Quand nous vînmes enfin à cet étroit passage,
Où le divin Alcide, érigeant ses signaux,

Fit, pour arrêter l'homme, une borne immobile.
A ma droite, pourtant, je laissai fuir Séville;
A ma gauche, Ceuta fuyait dans le lointain.

« Malgré tous les périls et les destins contraires
Nous touchons l'Occident, m'écriai-je, ô mes frères!
Pour un reste de vie éphémère, incertain,

Quand vos yeux pour toujours vont se fermer peut-être,
Ne vous ravissez pas ce bonheur de connaître
Par delà le soleil un monde inhabité!

Considerate la vostra semenza :
Fatti non foste a viver com bruti,
Ma per seguir virtute, e conoscenza.

Li miei compagni fec'io sì acuti
Con quest' orazion picciola, al cammino,
Ch' appena poscia gli averei tenuti :

E volta nostra poppa nel mattino,
De' remi facemmo ale al folle volo,
Sempre acquistando del lato mancino.

Tutte le stelle già dell' altro polo
Vedea la notte, e 'l nostro tanto basso,
Che non surgeva fuor del marin suolo.

Cinque volte racceso, e tante casso
Lo lume era di sotto dalla luna,
Poi ch' entrati eravam nell' alto passo,

Quando n' apparve una montagna bruna,
Per la distanzia, e parvemi alta tanto,
Quanto veduta non n'aveva alcuna.

Noi ci allegrammo, e tosto tornò in pianto :
Che dalla nuova terra un turbo nacque,
E percosse del legno il primo canto.

CHANT XXVI. 153

Vous êtes, songez-y, de la race de l'homme !
Non pour vivre et mourir comme bêtes de somme,
Mais pour suivre la gloire et pour la vérité ! »

Cette courte harangue allume leur courage ;
Ils brûlent d'accomplir jusqu'au bout le voyage,
Et pour les arrêter il eût été trop tard.

Et, la poupe tournée au levant, nous voguâmes,
Effleurant l'onde à peine et volant sur nos rames,
Poussant vers l'Occident notre voile au hasard.

Déjà, de l'autre pôle où s'égarent nos voiles
La nuit a déployé sur son front les étoiles ;
Le nôtre à l'horizon déjà fuit et décroît.

Cinq fois mourait, cinq fois s'allumait dans la brune
Cette pâle clarté qui tombe de la lune,
Depuis que nous étions entrés dans le détroit,

Lorsque nous apparut, à travers la distance,
Une montagne obscure encore, mais immense (5) ;
Jamais je n'avais vu mont si grand ni si beau.

Mais notre courte joie en des larmes se change :
Soudain du Nouveau Monde un tourbillon étrange
S'élève et vient au flanc frapper notre vaisseau,

Tre volte il fe' girar con tutte l'acque,
Alla quarta levar la poppa in suso,
E la prora ire in giù, com'altrui piacque,

Infin che 'l mar fu sopra noi richiuso.

Trois fois le fait tourner en amoncelant l'onde,
Puis soulève la poupe, et dans la mer profonde
Fait descendre la proue au gré d'un bras jaloux, (6)

Jusqu'à ce que la mer se referme sur nous. »

NOTES DU CHANT XXVI.

1. Les songes du matin méritent plus de foi que les autres; c'est l'opinion consacrée par les poètes. Ovide, auquel Dante fait souvent allusion, a dit : *Tempore quo cerni somnia vera solent.*

2. Prato, petite ville de Toscane, sujette de Florence. Ainsi, ce ne sont pas seulement, au dire du poète, les cités ennemies et rivales de Florence ou des peuples lointains, mais à sa porte ses propres sujets qu'elle opprime qui font des vœux contre elle. Ce vers fait songer à ceux que Racine met dans la bouche de Mithridate :

> Mais de près inspirant les haines les plus fortes,
> Tes plus grands ennemis, Rome, sont à tes portes.

3. Le prophète Élisée (V. le livre IV des Rois, ch. xi.)

4. Stace, dans sa Thébaïde, a rapporté ce fait de la flamme se divisant sur le bûcher d'Étéocle et de Polynice, les deux frères ennemis.

5. Cette montagne, suivant les uns, c'est la montagne du Purgatoire, au-dessus de laquelle se trouve le Paradis terrestre. Suivant d'autres, Dante fait allusion au Nouveau Monde dont ce grand homme avait eu peut-être comme une vague perception, et dont on eut d'ailleurs le pressentiment longtemps avant la découverte de Christophe Colomb. Selon d'autres, enfin, il s'agirait de l'Atlantide, ce continent plus ou moins fabuleux, plus grand à lui seul que l'Asie et l'Afrique ensemble, et englouti en une seule nuit par un horrible tremblement de terre, accompagné d'inondation; catastrophe rapportée par Platon.

6. Au gré de *l'autre*, dit le texte, *come altrui piacque.* Le damné ne peut ou ne veut pas prononcer le nom de Dieu.

ARGUMENT DU CHANT XXVII.

Ulysse s'éloigne; une autre ombre du même bolge s'avance en gémissant, emprisonnée également dans une flamme. C'est le fameux comte Guido de Montefeltro. Il interroge Dante sur le sort de la Romagne, sa patrie, et lui fait le récit de ses fautes qu'il expie si cruellement dans le bolge des mauvais conseillers.

CANTO VIGESIMOSETTIMO

Già era dritta in su la fiamma, e queta,
Per non dir più, e già da noi sen' gía
Con la licenzia del dolce Poeta.

Quando un' altra, che dietro a lei venia,
Ne fece volger gli occhi alla sua cima,
Per un confuso suon, che fuor n'uscia.

Come 'l bue Cicilian, chè mugghiò prima
Col pianto di colui, (e ciò fu dritto)
Che l'avea temperato con sua lima:

Mugghiava con la voce dell'afflitto,
Sì che, con tutto ch'ei fosse di rame,
Pure el pareva dal dolor trafitto:

CHANT VINGT-SEPTIÈME

La flamme, à ce moment, se dressant immobile,
Achevait de parler, sans que mon doux Virgile
La retînt davantage, et de nous s'éloignait;

Quand une autre à son tour derrière elle venue,
Vers sa pointe nous fit tous deux tourner la vue;
Un son vague et confus vers nous s'en exhalait.

Ainsi que ce taureau du tyran de Sicile,
(Dieu juste!) où le premier fut enfermé Pérille (1)
Qui du monstre brûlant fut l'exécrable auteur :

La voix du patient mugissait si terrible
Dans les flancs du taureau, que l'airain insensible
Semblait être vivant et percé de douleur.

Cosi, per non aver via, nè forame,
Dal principio del fuoco, in suo linguaggio,
Si convertivan le parole grame.

Ma poscia ch' ebber colto lor viaggio,
Su per la punta, dandole quel guizzo,
Che dato avea la lingua in lor passaggio,

Udimmo dire : O tu, a cui io drizzo
La voce, e che parlavi mo Lombardo,
Dicendo : Issa ten' va, più non t'aizzo :

Perch' i' sia giunto forse alquanto tardo,
Non t'incresca restare a parlar meco :
Vedi, che non incresce a me, che ardo.

Se tu pur mo in questo mondo cieco
Caduto se' di quella dolce terra
Latina, onde mia colpa tutta reco;

Dimmi, se i Romagnuoli han pace, o guerra.
Ch' i' fui de' monti là intra Urbino
E 'l giogo, di che Tever si disserra.

Io era ingiuso ancora attento ; e chino,
Quando 'l mio Duca mi tentò di costa :
Dicendo : Parla tu, questi è Latino.

CHANT XXVII.

Ainsi, ne trouvant pas de passage et d'issue,
La misérable voix dans le feu contenue
Avec le bruit du feu se confondait d'abord.

Mais enfin, se frayant un chemin, la pauvre âme
Pousse un son qui s'exhale au travers de la flamme ;
Sa langue fait vibrer la cime qui se tord,

Et j'entendis ces mots : « C'est toi que je supplie,
Qui parlais à l'instant la langue d'Italie,
Qui disais : Va, c'est bien, je sais tout maintenant !

Quoique j'arrive tard, pour moi, par complaisance
Arrête, et cause encor sans trop de répugnance ;
Vois, je m'arrête bien, et je brûle pourtant.

Ne fais-tu que de choir au monde sans lumière,
O citoyen venu de cette douce terre
D'où moi je porte ici tous mes péchés passés

A-t-on, dis-moi, la paix ou la guerre en Romagne ?
Car je suis né tout près d'Urbin, dans la montagne,
D'où le Tibre jaillit et coule à flots pressés. »

J'écoutais attentif en inclinant la tête,
Quand plus près me poussant du coude, le poëte
Me dit : « Parle-lui, toi, c'est un esprit latin. »

14.*

Ed io, ch' avea già pronta la risposta,
Senza' ndugio a parlare incominciai:
O anima, che se' laggiù nascosta,

Romagna tua non è, et non fu mai,
Senza guerra ne' cuor de' suoi tiranni,
Ma palese nessuna or ven lasciai.

Ravenna sta, come stata è molt' anni:
L'Aquila da Polenta la si cova,
Sì che Cervia ricuopre co' suoi vanni.

La terra, che fe' già la lunga pruova,
E di Franceschi sanguinoso mucchio,
Sotto le branche verdi si ritruova.

E 'l Mastin vecchio, e 'l nuovo da Verrucchio,
Che fecer di Montagna il mal governo,
Là, dove soglion, fan' de' denti succhio.

La città di Lamone, o di Santerno
Conduce il leoncel dal nido bianco,
Che muta parte dalla state al verno:

E quella, a cui il Savio bagna il fianco,
Così com' ella sie' tra 'l piano e il monte,
Tra tirannia si vive, e stato franco.

CHANT XXVII.

La réponse déjà sur le bout de la langue,
Je commence aussitôt en ces mots ma harangue :
« O pauvre esprit caché dessous ce feu lutin,

Au cœur de ses tyrans ta Romagne n'est guère,
Et n'a jamais été sans un germe de guerre,
Mais on n'y lutte pas ouvertement encor.

Comme depuis longtemps Ravenne est gouvernée,
L'aigle de Polenta la couve emprisonnée (2)
Et jusqu'à Cervia pousse un fatal essor.

Le pays qui soutint déjà la longue épreuve
Et dont le sol encor du sang français s'abreuve;
Aux griffes du lion vert demeure enfermé. (3)

Le chien de Verrucchio, le vieux dogue son père,
Qui traitèrent si mal Montagna dans la guerre
Ensanglantant leurs dents dans l'antre accoutumé. (4)

La cité du Lamone et celle du Santerne
Ont pour chef le lion à la blanche caverne
Qui change de parti de l'hiver à l'été ; (5)

Et la ville où court l'eau du Savio, Césène,
Comme elle est située entre montagne et plaine,
Vit aussi sans tyran comme sans liberté.

Ora chi se' ti prego, che nc conte:
Non esser duro più, ch'altri sia stato,
Se 'l nome tuo nel mondo tegna fronte.

Poscia che 'l fuoco alquanto ebbe rugghiato
Al modo suo, l'aguta punta mosse
Di qua, di là, e poi die' cotal fiato:

S'i' credessi, che mia risposta fosse
A persona, che mai tornasse al mondo,
Questa fiamma staria senza più scosse.

Ma perciocchè giammai di questo fondo
Non tornò vivo alcun, s'i' odo il vero,
Senza tema d'infamia ti rispondo.

I' fui uom d'arme, e poi fui Cordigliero,
Credendomi, sì cinto, fare ammenda:
E certo il creder mio veniva intero,

Se non fosse 'l gran Prete, a cui mal prenda,
Che mi rimise nelle prime colpe:
E come, e quare voglio, che m'intenda.

Mentre ch'io forma fui d'ossa e di polpe,
Che la madre mi diè, l'opere mie
Non furon leonin, ma di volpe.

CHANT XXVII.

A ton tour à présent, conte-nous ton histoire,
Si tu veux dans le monde une longue mémoire !
Parle, et sois amical à qui le fut pour toi ! »

La flamme comme avant gronde; sa pointe aiguë
De çà, de là, dans l'air lentement se remue,
Et puis avec effort souffle ces mots vers moi :

« Si je croyais répondre en ce lieu de misère
A quelque esprit qui dût retourner sur la terre,
Cette flamme à l'instant resterait en repos.

Mais puisque nul jamais, de la fosse où nous sommes,
Ne peut, si l'on dit vrai, remonter chez les hommes,
Je ne crains pas l'opprobre, et te réponds ces mots :

« Soldat, puis cordelier, j'ai cru que le cilice
Du ciel pour mes péchés fléchirait la justice.
Je n'aurais pas été trompé dans mon espoir,

N'eût été le grand Prêtre, à qui mal en arrive !
Et qui me fit encor tomber en récidive.
Comme et pourquoi, je vais te le faire savoir.

Dans le temps que vivant j'habitais sur la terre
Le corps de chair et d'os que me donna ma mère,
Je me comportais moins en lion qu'en renard.

Gli accorgimenti, e le coperte vie
Io seppi tutte, e sì menai lor' arte,
Ch'al fine della terra il suono uscie.

Quando mi vidi giunto in quella parte
Di mia età, dove ciascun dovrebbe
Calar le vele, e raccoglier le sarte;

Ciò che pria mi piaceva, allor m'increbbe;
E pentuto, e confesso mi rendei,
Ahi miser lasso! e giovato sarebbe.

Lo principe de' nuovi Farisei,
Avendo guerra presso a Laterano,
E non con Saracin, nè con Giudei,

Chè ciascun suo nimico era cristiano,
E nessuno era stato a vincere Acri,
Nè mercatante in terra di Soldano:

Nè sommo uficio, nè ordini sacri
Guardò in sè, nè in me quel capestro,
Che solea far li suoi cinti più macri.

Ma come Costantin chiese Silvestro
Dentro Siratti a guarir della lebbre,
Così mi chiese questi per maestro

CHANT XXVII.

Par les chemins couverts et la ruse profonde
Je marchais, et mon nom jusqu'aux deux bouts du monde
Retentissait, si loin j'avais poussé mon art.

Mais lorsque je me vis arriver à cet âge
Où chacun des humains, si l'homme était plus sage,
Devrait carguer sa voile et baisser pavillon,

Je pris tous mes joyeux filets en répugnance ;
Je confessai mes torts, et je fis pénitence ;
Ah ! malheureux ! et j'eusse obtenu mon pardon.

Le pape alors faisait une guerre cruelle,
Non pas contre le Juif, ni contre l'Infidèle ;
Ses ennemis étaient au palais de Latran,

Chrétiens, et pas un d'eux, transfuge sacrilége,
D'Acre, au profit des Turcs, n'avait refait le siége
Ou porté son commerce au pays du soudan. (6)

Sans que rien le retînt, ordres saints, rang suprême,
Et sans considérer davantage en moi-même
Ce cordon qui ceignait un maigre pénitent,

Pareil à Constantin qui, frappé de la peste,
Prit avis de Sylvestre au mont de Saint-Oreste,
Le pontife me fit venir, me consultant,

A guarir della sua superba febbre :
Domandommi consiglio, ed io tacetti,
Perchè le sue parole parvero ebbre :

E poi mi disse : Tuo cuor non sospetti :
Fin' or t'assolvo, e tu m'insegna fare,
Sì come Prenestina in terra getti.

Lo Ciel poss'io serrare, e disserrare,
Come tu sai : però son duo le chiavi,
Che 'l mio antecessor non ebbe care.

Allor mi pinser gli argomenti gravi,
Là 've 'l tacer mi fu avviso il peggio :
E dissi : Padre, da che tu mi lavi

Di quel peccato, ove mo cader deggio,
Lunga promessa coll' attener corto
Ti farà trionfar nell' alto seggio.

Francesco venne poi, com' io fu' morto,
Per me : ma un de' neri cherubini
Gli disse : Nol portar, non mi far torto.

Venir se ne dee giù tra' miei meschini,
Perchè diede 'l consiglio frodolente,
Dal quale in qua stato gli sono a' crini :

CHANT XXVII.

Comme un maître docteur, sur sa cruelle fièvre,
Et demandant conseil ; mais je retins ma lèvre :
La sienne dans le vin paraissait s'inspirer ;

Il insista : « Tu peux parler en confiance ;
Apprends-moi seulement, et je t'absous d'avance,
Comment de Palestrine on pourra s'emparer ?

J'ouvre et ferme le ciel selon que bon me semble ;
Tu le sais, dans ma main j'ai les deux clefs ensemble
Que mon prédécesseur n'a pas su conserver. » (7)

Avec ces arguments il me fit violence ;
Le pire me parut de garder le silence :
« Père, si tu consens, lui dis-je, à me laver

De la faute où pour toi je vais tomber, écoute :
Beaucoup promettre et peu tenir, sans aucun doute,
Sur ton trône, voilà ce qui te rendra fort »

François (8), après ma mort, vint pour chercher mon âme;
Mais un noir chérubin à son tour me réclame
Disant : « Point ne l'emporte, et ne me fais pas tort.

C'est parmi mes damnés qu'il mérite une place,
Pour le perfide avis reçu par Boniface ;
Depuis ce moment-là je le tiens aux cheveux.

Ch'assolver non si può, chi non si pente:
Nè pentere, e volere insieme puossi
Per la contraddizion, che nol consente.

O me dolente! come mi riscossi,
Quando mi prese, dicendomi: Forse
Tu non pensavi, ch'io loico fossi.

A Minos mi portò: e quegli attorse
Otto volte la coda al dosso duro;
E, poichè per gran rabbia la si morse,

Disse: Questi è de' rei del fuoco furo:
Perch'io là, dove vedi, son perduto,
E sì vestito andando mi rancuro.

Quand'egli ebbe 'l suo dir così compiuto,
La fiamma dolorando si partio,
Torcendo, e dibattendo 'l corno aguto.

Noi passammo oltre, ed io, e 'l duca mio,
Su per lo scoglio infino in su l'altr' arco,
Che cuopre 'l fosso, in che si paga il fio

A quei, che scommettendo, acquistan carco.

CHANT XXVII.

Nul ne peut être absous, à moins de repentance ;
Or, le péché va mal avec la pénitence :
On ne peut dans son cœur les unir tous les deux. »

Quelle douleur ! je crois encore que j'en tremble,
Quand le démon me prit en disant : « Que t'en semble ?
Tu ne me savais pas si bon logicien. »

On me porte à Minos : le juge redoutable
Tord huit fois sur ses reins sa queue épouvantable,
La mord dans un transport de rage, et dit : « C'est bien !

Ce perfide est de ceux qu'il faut que le feu cache ! »
C'est pourquoi tu me vois sous ce brûlant panache,
Pourquoi je vais pleurant, de flammes revêtu. »

Quand elle eut achevé son triste récit, l'âme
S'éloigne en gémissant dans le sein de la flamme,
En faisant ondoyer son long croissant pointu.

Alors Virgile et moi, poursuivant notre marche,
Nous suivîmes le roc jusqu'à la prochaine arche
Qui recouvre la fosse, où gisent tourmentés

Ceux qui sèment le schisme au milieu des cités.

NOTES DU CHANT XXVII.

1. Phalaris, tyran d'Agrigente, fit exécuter par Pérille un taureau d'airain, où l'on renfermait des victimes humaines, et qu'on exposait ensuite au feu. L'artisan ayant demandé sa récompense, le tyran fit sur lui l'essai de ce supplice.

2. L'aigle de Polenta est Gui de Polenta, dont les armes étaient un aigle.

3. Ce pays, c'est la ville de Forli qui avait repoussé une armée française envoyée contre elle par Martin IV. — Le lion vert, c'est Sinibaldo Ordelaffi, seigneur de Forli qui portait un lion vert dans ses armes.

4. Ces deux chiens du château de Verruchio sont Malatesta père et fils, seigneurs de Rimini, dont le second fut l'époux de Françoise (*V.* ch. v), et mit à mort Montagna de Parcitati, chef des Gibelins.

5. Faenza et Imola, cités élevées, la première près du fleuve Lamone, l'autre sur les bords du Santerno, étaient gouvernées par Mainardo Pagani, tantôt guelfe et tantôt gibelin, suivant les circonstances. Il avait pour armes un lion d'azur sur champ d'argent.

6. Boniface VIII, ce pape, cet ennemi dont Dante s'est vengé déjà au chant xix, apparaît encore ici. En lutte contre les Colonna, il sévissait contre eux, dit le poète, contre des chrétiens, comme s'il se fût agi d'infidèles, ou de ces traîtres qui aidèrent les Turcs à reprendre Saint-Jean d'Acre, et qui les avaient approvisionnés.

7. Ce prédécesseur, c'est Célestin qui avait abdiqué.

8. Saint François d'Assise, chef de son ordre, qui venait le chercher pour le porter en Paradis.

ARGUMENT DU CHANT XXVIII.

Neuvième bolge, où sont punis les fourbes qui divisent les hommes, hérésiarques, faux prophètes, fauteurs de scandales et de discordes. Leur châtiment est analogue à leur crime. Leurs membres, coupés et divisés à coups de glaive, pendent plus ou moins mutilés, plus ou moins séparés de leur corps, selon qu'ils ont excité de plus ou moins graves divisions sur la terre. Rencontre de Mahomet, de Bertrand, de Born, et d'autres damnés de la même catégorie.

CANTO VIGESIMOTTAVO

Chi poria mai pur con parole sciolte
Dicer del sangue e de le piaghe appieno
Ch' i' ora vidi, per narrar più volte?

Ogni lingua per certo verria meno
Per lo nostro sermone e per la mente,
Ch' anno a tanto comprender poco seno.

Se s' adunasse ancor tutta la gente
Che già in su la fortunata terra
Di Puglia fu del suo sangue dolente

Per li Trojani, e per la lunga guerra
Che de l' anella fè sì alte spoglie,
Come Livio scrive che non erra;

CHANT VINGT-HUITIÈME

Qui pourrait dire même en un libre langage,
Le spectacle hideux de sang et de carnage
Que mes regards alors furent contraints de voir?

Il n'est, pour l'exprimer, de langue ni de style,
Et toute lèvre humaine y serait inhabile,
A peine si l'esprit le peut bien concevoir.

Quand on rassemblerait la foule infortunée,
Dans les plaines de Pouille autrefois condamnée
A répandre son sang sous le fer du Troyen, (1)

Ceux de la longue guerre où tant d'hommes périrent,
Où les vainqueurs un jour sur les morts recueillirent
Tant d'anneaux, comme dit Live un sûr historien (2);

Con quella che sentío di colpi doglie
Per contrastare a Ruberto Guiscardo,
E l' altra il cui ossame ancor s' accoglie

A Ceperan, là dove fu bugiardo
Ciascun Pugliese, e là da Tagliacozzo,
Ove senz' arme vinse il vecchio Alardo :

E qual forato suo membro, e qual mozzo
Mostrasse, d' agguagliar sarebbe nulla
Il modo de la nona bolgia sozzo.

Già veggia per mezzul perdere o lulla,
Com' i' vidi un, così non si pertugia
Rotto dal mento insin dove si trulla :

Tra le gambe pendevan le minugia :
La corata pareva, e 'l tristo sacco
Che merda fa di quel che si trangugia.

Mentre che tutto in lui veder m' attacco,
Guardommi, e con le man s' aperse il petto,
Dicendo : or vedi come i' mi dilacco :

Vedi come storpiato è Maometto :
Dinanzi a me sen' va piangendo Alì
Fesso nel volto dal mento al ciuffetto :

Et ceux qui succombant, malgré leur résistance,
Ont de Robert Guiscard éprouvé la vaillance (3);
Avec ceux dont les os sont encore à pourrir

A Cépéran où chaque Apulien fut traître (4);
Ceux de Tagliacozzo qui trouvèrent leur maître
Dans le vieux chef Alard, vainqueur sans coup férir.

Tous ces morts ne pourraient, montrant amoncelées
Des montagnes de sang et de chairs mutilées
Égaler les horreurs du neuvième fossé.

Un esprit m'apparut, saignant par mille entailles
Et troué du menton jusqu'au fond des entrailles;
Il se perd moins de vin d'un tonneau défoncé.

Ses boyaux lui battaient sur les jambes; sa rate
Pendait à découvert de sang tout écarlate,
Avec la poche immonde où croupit l'aliment.

Et tandis que vers lui, l'œil fixe, je m'incline,
Il regarde, et ses mains entr'ouvrant sa poitrine :
« Vois, me dit-il, comment je me pourfends, comment

Mahomet est coupé! là devant moi s'avance
Ali, mon bon cousin, qui pleure d'abondance,
Le visage fendu de la nuque au menton.

E tutti gli altri che tu vedi qui,
Seminator di scandalo e di scisma,
Fur vivi : e però son fessi così.

Un diavolo è qua dietro che n'accisma
Sì crudelmente al taglio de la spada
Rimettendo ciascun di questa risma,

Quando avém volta la dolente strada :
Perocchè le ferite son richiuse
Prima ch' altri dinanzi li rivada.

Ma tu chi se', che 'n su lo scoglio muse,
Forse per indugiar d' ire a la pena
Ch' è giudicata in su le tue accuse?

Nè morte 'l giunse ancor nè colpa 'l mena,
Rispose 'l mio maestro, a tormentarlo :
Ma per dar lui esperienza piena,

A me che morto son convien menarlo
Per lo 'nferno qua giù di giro in giro :
E quest' è ver così com' i' ti parlo.

Più fur di cento che quando l' udiro
S' arrestaron nel fosso a riguardarmi
Per maraviglia obliando 'l martiro.

Et tous ceux que tu vois encor dans la carrière,
Ayant semé scandale et schisme sur la terre,
Sont fendus et troués de la même façon.

Là derrière est un diable, et c'est par son épée
Que chaque âme est ainsi percée et découpée.
Il faut sous son tranchant repasser de nouveau

En finissant le tour du val qui nous enferme ;
Chaque fois que la plaie horrible se referme,
Il faut pour la rouvrir nous offrir au bourreau.

Mais qui donc es-tu, toi, qui restes, ombre humaine,
Sur le roc, dans l'espoir de différer la peine
Qu'on a dû prononcer sur tes propres aveux ? »

—« Ce n'est pas, répondit mon doux maître à cette ombre,
La mort ni le péché qui le mène au lieu sombre,
Il y vient pour s'instruire à vos tourments affreux.

Moi qui suis mort, il faut qu'à travers la Géhenne
De cercle en cercle ainsi jusqu'au fond je le mène,
Aussi vrai que je suis à parler devant toi. »

Grand nombre de pécheurs, à ces mots du poëte,
Dans la fosse étonnés relevèrent la tête,
Oubliant leurs tourments pour lever l'œil sur moi.

Or dì a Fra Dolcin dunque che s'armi,
Tu che forse vedrai il sole in breve,
S'egli non vuol qui tosto seguitarmi:

Sì di vivanda, che stretta di neve
Non rechi la vittoria al Noarese,
Ch'altrimenti acquistar non saria lieve.

Poichè l'un piè per girsene sospese,
Maometto mi disse esta parola,
Indi a partirsi in terra lo distese.

Un altro che forata avea la gola,
E tronco 'l naso infin sotto le ciglia,
E non avea ma ch'un'orecchia sola;

Restato a riguardar per maraviglia
Con gli altri, innanzi a gli altri aprì la canna
Ch'era di fuor d'ogni parte vermiglia,

E disse: o tu cui colpa non condanna,
E cui già vidi su in terra Latina,
Se troppa simiglianza non m'inganna:

Rimembriti di Pier da Medicina,
Se mai torni a veder lo dolce piano
Che da Vercello a Marcabò dichina,

— « Toi qui peux espérer de revoir la lumière !
Dis à Fra-Dolcino, pendant qu'il fait la guerre,
S'il ne veut pas dans peu me joindre en ce fossé,

Qu'il se fournisse bien, de peur que son armée
Ne périsse bientôt dans la neige affamée :
C'est par là qu'en Novare il sera surpassé. » (5)

Tout en disant ces mots, l'ombre du faux prophète
En suspens sur un pied à partir était prête,
Et l'ayant allongé sur le sol, disparut.

Une autre dont la gorge était toute percée,
La figure, du nez jusqu'aux cils défoncée,
Et qui ne montrait plus qu'une oreille, accourut,

Devant moi s'arrêta, me contemplant, farouche,
Près des autres damnés, puis, entr'ouvrit sa bouche,
Qui dégouttait de sang, toute rouge au dehors.

Et dit : « Ame innocente, ou qui viens impunie,
Toi, que je vis jadis sous le ciel d'Italie,
Si mon œil n'est trompé par de frappants dehors,

Que de Medicina (6) là-haut il te souvienne,
Si jamais tu revois la plaine italienne
Qui descend de Verceil au fort de Marcabo !

E fa sapere a' duo miglior di Fano,
A messer Guido, ed anche ad Angiolello,
Che se l' antiveder qui non è vano,

Gittati saran fuor di lor vasello,
E mazzerati presso a la Cattolica
Per tradimento d' un tiranno fello.

Tra l' isola di Cipri e di Majolica
Non vide mai sì gran fallo Nettuno,
Non da Pirati, non da gente Argolica,

Quel traditor che vede pur con l' uno,
E tien la terra, che tal' è qui meco,
Vorrebbe di vedere esser digiuno,

Farà venirgli a parlamento seco :
Poi farà sì ch' al vento di Focara,
Non farà lor mestier voto nè preco.

Ed io a lui : dimostrami, e dichiara,
Se vuoi ch' i' porti su di te novella,
Chi è colui da la veduta amara.

Allor pose la mano a la mascella
D' un suo compagno, e la bocca gli aperse,
Gridando : questi è desso, e non favella :

Et préviens deux vaillants de Fano, Messer Guide
Et Messer Angiolel, de craindre un bras perfide.
Si l'avenir se montre au delà du tombeau,

Ils périront au fond du golfe Adriatique
Massacrés et noyés près de la Cattolique
Grâce à la trahison d'un parjure tyran. (7)

Jamais entre Majorque et les rives d'Asie
La mer ne fut témoin de telle perfidie
Ni de la part d'un Grec ni du fait d'un forban.

Ce traître qui ne voit que d'un œil et gouverne
Le sol où tel qui là pleure en notre caverne
Souhaiterait, je crois, n'avoir jamais été,

Pour traiter les fera venir, puis le barbare
S'y prendra de façon que du vent de Focare
Leur navire sera pour toujours abrité. »

Je répondis : « Il faut qu'à mes yeux tu révèles,
Si tu veux que là-haut je porte tes nouvelles,
Celui pour qui ce sol à tel point fut amer. »

Alors posant le poing sur une ombre sanglante
Et la forçant d'ouvrir une bouche béante :
« Le voici, me dit-il, mais muet en enfer.

Questi scacciato, il dubitar sommerse
In Cesare, affermando che 'l fornito
Sempre con danno l' attender sofferse.

O quanto mi pareva sbigottito
Con la lingua tagliata ne la strozza
Curio, ch' a dicer fu così ardito!

Ed un ch' avea l' una e l' altra man mozza,
Levando i moncherin per l' aura fosca,
Sì che 'l sangue facea la faccia sozza,

Gridò : ricorderati anche del Mosca,
Che dissi, lasso, Capo ha cosa fatta,
Che fu 'l mal seme della gente Tosca :

Ed io v' aggiunsi : e morte di tua schiatta :
Perch' egli accumulando duol con duolo
Sen' gio come persona trista e matta :

Ma io rimasi a riguardar lo stuolo,
E vidi cosa ch' i' avrei paura
Senza più pruova di contarla solo,

Se non che conscienzia m' assicura,
La buona compagnia che l' uom francheggia
Sotto l' osbergo del sentirsi pura.

C'est lui qui dans l'exil, par un conseil infâme,
De César indécis avait raffermi l'âme,
Disant que tout retard nuit quand vient le moment. » (8)

Oh Dieu ! comme il tordait sa tête effarouchée,
Avec sa langue au fond de sa gorge tranchée,
Ce Curion qui parla jadis si hardiment !

Les deux poignets tronqués, j'aperçus une autre ombre,
Qui levait ses moignons tout rouges dans l'air sombre,
Et le sang ruisselait sur le front du pécheur.

Il cria : « De Mosca garde aussi souvenance ! (9)
C'est moi qui dis : « Il faut finir ce qu'on commence. »
Mot fatal ! des Toscans, il a fait le malheur. »

— « Et la mort de ta race ! » ajoutai-je; alors l'ombre,
Pleurant plus fort encor, partit à travers l'ombre,
Folle de désespoir, et disparut au loin.

Je restai, l'œil fixé sur la foule coupable,
Quand je vis un spectacle étrange, épouvantable
Dont point ne parlerais, sans preuve ni témoin,

Si je n'avais pour moi ma conscience pure,
Courageuse compagne, inébranlable armure
A l'abri de laquelle on peut se retrancher.

16.

I' vidi certo : ed ancor par ch' io 'l veggia,
Un busto senza capo andar, sì come
Andavan gli altri de la trista greggia.

E 'l capo tronco tenea per le chiome
Pesol con mano a guisa di lanterna,
E quei mirava noi, e dicea : o me.

Di se faceva a se stesso lucerna :
Ed eran due in uno, e uno in due :
Com' esser può, quei sa che sì governa.

Quando diritto appiè del ponte fue,
Levò 'l braccio alto con tutta la testa
Per appressarne le parole sue,

Che furo : or vedi la pena molesta
Tu, che spirando vai veggendo i morti :
Vedi s' alcuna è grande come questa :

E perchè tu di me novella porti,
Sappi ch' i' son Bertram dal Bornio, quelli
Che diedi al re Giovanni i ma' conforti.

I' feci 'l padre e 'l figlio in se ribelli :
Achitofel non fè più d'Absalone,
E di David co' malvagi pungelli.

CHANT XXVIII.

Je vis, dis-je, et je crois que je le vois encore,
Dans le triste troupeau que la fosse dévore,
Spectacle horrible! un corps sans tête s'approcher.

Il marchait en tenant ainsi qu'une lanterne
Sa tête dans sa main; du fond de la caverne
La tête regardait criant : hélas! vers nous.

Lui-même se servait de fanal à lui-même;
Un en deux, deux en un; ô mystère suprême!
Toi seul, tu le comprends, qui frappes de tels coups!

En arrivant au pied du pont l'ombre s'arrête,
Élève en l'air le bras et tend vers nous sa tête
Comme pour approcher ses paroles, et dit :

« Vois mon supplice, ô toi, dont la bouche respire,
Et qui marches vivant dans le funèbre empire!
Vois s'il est dans l'enfer un homme plus maudit!

Je suis, — parle de moi, si tu revois la terre, —
Bertrand de Born; ma voix, mauvaise conseillère,
Attisa la discorde entre Jean et Henri.

J'armai, l'un contre l'autre, et le fils et le père,
Ainsi qu'Achitophel, artisan de colère,
Mit aux prises David avec son fils chéri.

Perch' i' parti' così giunte persone,
Partito porto il mio cerebro, lasso,
Dal suo principio ch' è 'n questo troncone.

Così s' osserva in me lo contrappasso.

C'est pour avoir ainsi rompu par l'imposture
Ce qu'avait de plus près réuni la nature
Que je porte mon chef de mon corps détaché.

Ainsi je souffre un mal conforme à mon péché. »

NOTES DU CHANT XXVIII.

1. Le poëte dit : les *Troyens* pour les *Romains*, dont le Troyen Énée fut l'ancêtre. (*V.* ch. II).

2. A la bataille de Cannes, un si grand nombre de chevaliers Romains restèrent sur le champ de bataille, que les anneaux pris à leurs doigts ne remplissaient pas moins de trois boisseaux au dire de Tite-Live. Annibal les envoya en trophée à Carthage.

3. Les peuples de la Pouille et de la Calabre, soumis par Robert Guiscard, frère de Richard, duc de Normandie.

4. Les habitants de Cépéran, petit bourg de la Pouille, abandonnèrent dans l'action leur souverain Mainfroy qui combattait contre Charles d'Anjou, et causèrent sa défaite. Ce même duc d'Anjou dut sa victoire sur Conradin aux conseils d'Alard, chevalier français, qui revenait de la Terre-Sainte.

5. Dolcino, réformateur de Novare, qui prêchait au commencement du XIVe siècle la communauté des biens et des femmes. Traqué dans les montagnes avec trois mille sectateurs, il fut cerné par les neiges, forcé par la famine de se rendre, et brûlé vif avec plusieurs de ses disciples.

6. Pierre de Medicina sema les divisions publiques et les discordes privées dans toute la Romagne.

7. Malatesta, tyran de Rimini.

8. Curion, exilé de Rome, décida César à passer le Rubicon.

Tolle moras, nocuit semper differre paratis.
(Lucain, Parsale, l. VIII.)

9. Mosca, annoncé au VIe chant. Il causa par ses conseils la mort de Bondelmonte, origine première des dissensions qui déchirèrent Florence. Bondelmonte avait promis d'épouser une fille de la maison des Amidei; manquant de parole, il épousa une Donati. Différentes maisons de Florence prirent parti pour la famille offensée, et Mosca attisa tant qu'il put la vengeance.

ARGUMENT DU CHANT XXIX.

Les deux poëtes arrivent à la cime du pont qui domine le dernier des dix bolges du cercle de la Fourbe. Assaillis par des plaintes déchirantes, ils descendent jusqu'au bord du bolge et découvrent des âmes gisant et se traînant, rongées d'ulcères, dévorées par la lèpre. Cette lèpre, alliage impur de leur chair, rappelle leur crime. Ce sont les alchimistes et les faussaires. Deux de ces damnés, Griffolino d'Arezzo et Capocchio, attirent l'attention de Dante.

CANTO VIGESIMONONO

La molta gente e le diverse piaghe
Avean le luci mie sì inebriate,
Che de lo stare a piangere eran vaghe:

Ma Virgilio mi disse: che pur guate?
Perchè la vista tua pur sì soffolge
Là giù tra l' ombre triste smozzicate?

Tu non hai fatto sì a l' altre bolge:
Pensa, se tu annoverar le credi,
Che miglia ventiduo la valle volge:

CHANT VINGT-NEUVIÈME

Ces blessures, ce sang, cette foule éperdue
M'avaient comme égaré, comme enivré la vue.
Je voulais soulager mes yeux de pleurs brûlés,

Mais Virgile me dit : « Qu'est-ce donc qui t'arrête ?
Et pourquoi contempler si longtemps, ô poète !
Ces misérables corps saignants et mutilés ?

Tu n'as pas fait cela dans les autres abîmes.
Espères-tu compter le nombre des victimes ?
La fosse a, songes-y, vingt-deux milles de tour.

E già la luna è sotto i nostri piedi:
Lo tempo è poco omai che n'è concesso,
E altro è da veder che tu non credi.

Se tu avessi, rispos' io appresso,
Atteso a la cagion perch' i' guardava,
Forse m' avresti ancor lo star dimesso.

Parte sen' gia: ed io retro gli andava,
Lo duca già facendo la risposta,
E soggiungendo: dentro a quella cava,

Dov' i' teneva gli occhj sì a posta,
Credo ch' un spirto del mio sangue pianga
La colpa che là giù cotanto costa.

Allor disse 'l maestro: non si franga
Lo tuo pensier da qui innanzi sovr' ello:
Attendi ad altro: ed ei là si rimanga.

Ch' i' vidi lui appiè del ponticello
Mostrarti, e minacciar forte col dito,
E udil nominar Geri del Bello.

Tu eri allor sì del tutto impedito
Sovra colui che già tenne Altaforte,
Che, non guardasti in là, sì fu partito.

CHANT XXIX.

La lune est sous nos pieds; l'heure fuit, le temps presse,
Et nous avons encor, — ménage ta tristesse —
Bien autre chose à voir dans l'infernal séjour. »

« Si ton œil vigilant, cher maître, avait pris garde,
Répondis-je, au motif qui fait que je regarde,
Peut-être m'aurais-tu permis un temps d'arrêt. »

Mais déjà s'éloignait Virgile, et par derrière
J'allais lui répondant dans la triste carrière,
Et j'ajoutai ces mots : « Au fond du val secret

Où mes yeux s'absorbaient, j'ai pensé reconnaître
Un esprit de mon sang qui pleurait, ô doux maître!
Les péchés qu'en ce gouffre il faut payer si cher. »

— « Laisse-le, cet esprit, me repartit le sage;
N'attendris pas sur lui tes pensers davantage.
Songe à me suivre; et lui, qu'il reste en son enfer!

Je l'ai vu tout à l'heure au pied de ce puits sombre
Te montrant, et du doigt te menaçant dans l'ombre,
Et j'entendis quelqu'un qui l'appelait Géri. (1)

Mais dans ce moment-là, celui qui sur la terre
Gouverna Hautefort (2), fixait ton âme entière;
Tu n'as regardé là, qu'après qu'il fut parti.

O duca mio, la violenta morte
Che non gli è vendicata ancor, diss' io,
Per alcun che de l' onta sia consorte,

Fece lui disdegnoso: onde sen' gio
Senza parlarmi, sì com' io stimo:
Ed in ciò m' ha e' fatto a se più pio.

Così parlammo insino al luogo primo
Che de lo scoglio l' altra valle mostra,
Se più lumi vi fosse, tutto ad imo.

Quando noi fummo in su l' ultima chiostra
Di Malebolge, sì che i suoi conversi
Potean parere a la veduta nostra,

Lamenti saettaron me diversi,
Che di pietà ferrati avean gli strali:
Ond' io gli orecchj con le man copersi.

Qual dolor fora, se de gli spedali
Di Valdichiana tra 'l luglio e 'l settembre,
E di Maremma e di Sardigna i mali

Fossero in una fossa tutti insembre:
Tal era quivi: e tal puzzo n' usciva,
Qual suole uscir de le marcite membre.

CHANT XXIX.

— « O maître, le poignard là-haut trancha sa vie,
Et nous avons laissé cette mort impunie,
Nous n'avons pas vengé l'affront de notre sang.

Voilà ce qui l'indigne et qui fait, qu'en silence,
A ma vue, il s'éloigne, et cette circonstance
Émeut en sa faveur mon cœur compatissant. »

Tandis que nous parlions, nous touchions à la cime
Du roc qui donnait jour sur le dernier abîme;
J'en aurais vu le fond sans la nuit qui régnait.

Arrivés au-dessus de cette enceinte extrême,
Cloître de Malebolge, où déjà pâle et blême,
La foule des reclus vaguement se montrait.

Nous fûmes assaillis par des voix déchirantes
Qui me perçaient le cœur de leurs flèches poignantes;
Je tenais assourdi ma tête dans mes mains.

Si l'on réunissait tout ce qui souffre et saigne
Dans la Marenne impure, en Toscane, en Sardaigne,
Pendant la canicule et ses soleils malsains,

On ferait un concert moins terrible à l'oreille.
Une odeur s'exhalait de ce gouffre, pareille
A celle qui s'épand de membres gangrenés.

Noi discendemmo in su l' ultima riva
Del lungo scoglio pur da man sinistra.
E allor fu la mia vista più viva

Giù ver lo fondo dove la ministra
De l' alto Sire infallibil giustizia
Punisce i falsator che qui registra.

Non credo ch' a veder maggior tristizia
Fosse in Egina il popol tutto infermo,
Quando fu l' aer sì pien di malizia,

Che gli animali infino al picciol vermo
Cascaron tutti, e poi le genti antiche,
Secondo che i poeti hanno per fermo,

Si ristorar di seme di formiche,
Ch' era a veder per quella oscura valle
Languir gli spirti per diverse biche.

Qual sovra 'l ventre, e qual sovra le spalle
L' un de l' altro giacea, e qual carpone
Si trasmutava per lo tristo calle.

Passo passo andavam senza sermone
Guardando e ascoltando gli ammalati
Che non potean levar le lor persone.

CHANT XXIX.

Enfin, en descendant à gauche, je m'approche
Tout au bord, au déclin de cette longue roche.
Alors, plus clairement, à mes yeux consternés

Se découvre le gouffre où la grande justice,
Ministre du Très-Haut, dispense leur supplice
Aux faussaires parqués là pour l'éternité.

Egine offrit jadis un tableau moins funeste,
Quand tous ses habitants succombaient sous la peste,
Quand d'un poison mortel l'air était infecté,

Quand, jusqu'à l'humble ver, dans l'île désolée
Tout périssait, et que la terre dépeuplée
(Les poètes du moins l'assurent dans leurs vers)

Vit des hommes naissant hors d'une fourmilière (3) ;
Plus hideux, ces esprits au fond de la carrière
Languissaient par monceaux, couchés en tas divers.

L'un gisait sur le ventre, un autre pâle et hâve
S'appuyait sur le dos de son voisin de cave.
Un troisième rampait dans le triste chemin.

Et nous deux, pas à pas, nous allions en silence,
Regardant, écoutant cette foule en souffrance
Se soulevant à peine en s'aidant de la main.

Io vidi duo sedere a sè appoggiati,
Come a scaldar s' appoggia tegghia a tegghia,
Dal capo a' piè di schianze maculati :

E non vidi già mai menare stregghia
A ragazzo aspettato da signorso,
Nè da colui che mal volentier vegghia,

Come ciascun menava spesso il morso
De l' unghie sovra se per la gran rabbia
Del pizzicor che non ha più soccorso.

E si traevan giù l' unghie la scabbia,
Come coltel di scardova le scaglie,
O d' altro pesce che più larghe l' abbia.

O tu che con le dita ti dismaglie,
Cominciò 'l duca mio a un di loro,
E che fai d' esse tal volta tanaglie,

Dimmi s' alcun Latino è tra costoro
Che son quinc' entro, se l' unghia ti basti
Eternalmente a cotesto lavoro.

Latin sem noi, che tu vedi sì guasti
Qui ambodue, rispose l' un piangendo :
Ma tu chi se', che di noi dimandasti?

CHANT XXIX.

Deux ombres s'appuyaient dos à dos tout entières,
Comme l'une sur l'autre on chauffe deux tourtières
Et d'une lèpre immonde étalaient la hideur.

Jamais valet qu'attend son maître, ou qui maugrée,
Empressé de finir sa pénible soirée,
N'a fait courir l'étrille avec autant d'ardeur

Que chacun des lépreux promenant sans relâche
Les ongles dans sa chair, s'épuisant à la tâche
Sans adoucir l'ulcère et son âpre cuisson.

De ses ongles chacun s'écorche et se travaille,
Comme avec un couteau l'on fait sauter l'écaille
Du scare épais ou bien d'un autre grand poisson.

« O toi qui de ta peau défais ainsi les mailles,
Changeant à chaque instant tes deux mains en tenailles,
Fit mon maître, adressant la parole à l'un d'eux,

Dis, et puisse à jamais ton ongle te suffire
Pour ce triste labeur qu'exige ton martyre!
Quelque esprit d'Italie habite-t-il ces lieux? »

— « Nous sommes tous les deux fils de cette contrée
Répondit en pleurant l'ombre défigurée.
Toi-même, quel es-tu, qui m'as interrogé? »

E 'l duca disse : i' sono un che discendo
Con questo vivo giù di balzo in balzo,
E di mostrar l' inferno a lui intendo.

Allor si ruppe lo comun rincalzo,
E tremando ciascuno a me si volse
Con altri che l' udiron di rimbalzo.

Lo buon maestro a me tutto s' accolse
Dicendo : dì a lor ciò che tu vuoli :
Ed io incominciai, poscia ch' ei volse :

Se la vostra memoria non s' imboli
Nel primo mondo dal l' umane menti,
Ma s' ella viva sotto molti soli,

Ditemi chi voi siete, e di che genti :
La vostra sconcia e fastidiosa pena
Di palesarvi a me non vi spaventi.

I' fui d' Arezzo, e Albero da Siena,
Rispose l' un, mi fe mettere al fuoco :
Ma quel perch' io mori' qui non mi mena.

Ver è ch' io dissi a lui parlando a giuoco,
I' mi saprei levar per l' acre a volo :
E quei ch' avea vaghezza e senno poco,

CHANT XXIX.

Mon maître dit : « Cet homme est une âme vivante ;
Avec lui, je descends dans les lieux d'épouvante,
Je lui montre l'enfer, comme on m'en a chargé. »

Les deux ombres alors tressaillant étonnées,
Rompant l'appui commun, vers moi se sont tournées
Avec d'autres esprits qui l'avaient entendu.

Mon maître s'approchant : « Va, si c'est ton envie,
Me dit-il, parle-leur suivant ta fantaisie. »
Je parlai sur le champ, comme il l'avait voulu.

« Que votre souvenir vive et jamais ne meure
Sur la terre où l'homme a sa première demeure !
Qu'il se conserve intact sous des soleils nombreux !

Quels noms, quelle patrie aviez-vous dans le monde ?
Dites ! sans que l'horreur d'un châtiment immonde
Vous fasse redouter de céder à mes vœux. »

« Moi, je suis d'Arezzo, dit l'une de ces âmes.
Et le Siennois Albert me fit jeter aux flammes,
Brûlé pour un péché, pour un autre damné.

Un jour, je me vantai, — c'était un badinage —
De voler dans les airs ; et ce prince peu sage
Voulut, dans son désir follement obstiné,

Volle ch' i' gli mostrassi l' arte, e solo
Perch' i' nol feci Dedalo, mi fece
Ardere a tal, che l' avea per figliuolo:

Ma ne l' ultima bolgia de le diece
Me per l' alchimia che nel mondo usai,
Dannò Minos, a cui fallir non lece.

Ed io dissi al poeta: or fu già mai
Gente sì vana come la Sanese?
Certo non la Francesca sì d' assai.

Onde l' altro lebbroso che m' intese,
Rispose al detto mio: tranne lo Stricca,
Che seppe far le temperate spese:

E Niccolò, che la costuma ricca
Del garofano prima discoperse
Ne l' orto dove tal seme s' appicca:

E tranne la brigata in che disperse
Caccia d' Ascian la vigna e la gran fronda,
E l' Abbagliato il suo senno profferse.

Ma perchè sappi chi sì ti seconda
Contra i Sanesi, aguzza ver me l' occhio,
Sì che la faccia mia ben ti risponda.

Savoir de moi cet art, science sans égale;
Et, comme je ne pus de lui faire un Dédale,
Un juge complaisant (4) au bûcher m'a livré.

Et pour avoir sur terre exercé l'alchimie
Au dernier des dix vals où la fourbe est punie
L'infaillible Minos m'a depuis enterré. »

Lors je dis au poëte : « Est-il sur terre humaine
Un pays tel que Sienne, une race aussi vaine?
Non certes, le Français n'est pas si vaniteux! »

L'autre lépreux m'entend et dit : « Il est un homme
Que tu dois excepter : Stricca, simple, économe,
Et qui ne fit jamais aucuns dépens coûteux.

Et Nicolas aussi, cet homme sobre et sage
Qui du riche girofle a découvert l'usage
Aux jardins d'Orient où l'épice fleurit.

Fais une exception pour la bande si digne
Où Caccia dissipa ses grands bois et sa vigne,
Où l'Abbagliato dépensa tant d'esprit. (5)

Si tu tiens à savoir qui parle de la sorte
Et contre les Siennois te prête ainsi main-forte,
Vois-moi, fixe sur moi tes regards un moment.

Sì vedrai ch' i' son l' ombra di Capocchio,
Che falsai li metalli con alchimia,
E ten' dee ricordar, se ben t' adocchio,

Com' i' fui di natura buona scimia.

Reconnais Capocchio, dont je suis l'ombre triste! (6)
J'ai faussé les métaux, étant bon alchimiste.
Tu dois t'en souvenir, si c'est bien toi vraiment,

J'ai singé la nature assez adroitement. »

NOTES DU CHANT XXIX.

1. Geri del Bello, parent de Dante, tué par un Sacchetti, et vengé seulement trente ans après sa mort.

2. Bertrand de Born, seigneur de Hautefort.

3. Après la peste qui dépeupla l'île d'Égine, l'île fut repeuplée par des fourmis changées en hommes à la prière d'Éaque. De là le nom de Myrmidon, de μύρμηξ, fourmi.

4. Le texte dit : « *Quelqu'un* qui le tenait pour son fils. » L'évêque de Sienne fut ce *quelqu'un* trop complaisant; il était l'oncle, et d'autres disent le propre père d'Albert.

5. Ces personnages auxquels il est fait ici une allusion ironique, faisaient partie d'une bande de jeunes Siennois célèbres par leur luxe effréné et leurs folles dépenses. L'Abbagliato, à ce qu'il paraît, était le bel esprit de la troupe.

6. Capocchio, de Sienne, avait, dit-on, étudié avec Dante les sciences naturelles, et y avait acquis une assez grande réputation.

ARGUMENT DU CHANT XXX.

Capocchio parle encore, quand deux ombres furieuses courent sur lui, le mordent et le terrassent. Ce sont des faussaires d'une nouvelle espèce qui ont contrefait les personnes en se faisant passer pour d'autres. Un peu plus loin, Dante aperçoit Maître Adam, un faux monnayeur; une horrible hydropisie altère son sang et déforme son corps. Près de lui, deux damnés gisent ensemble; ils sont brûlés d'une fièvre ardente, et, comme l'hydropique, dévorés de soif. Ce sont des faussaires d'une autre espèce encore, des falsificateurs de la vérité, faussaires en paroles. Maître Adam les dénonce à Dante : l'une est la femme de Putiphar, l'autre le perfide Grec Sinon, par qui Troie fut prise. Une rixe s'élève entre Maître Adam et Sinon. Virgile arrache Dante à cet ignoble spectacle.

CANTO TRENTESIMO

Nel tempo che Giunone era crucciata
Per Semele contra 'l sangue Tebano,
Come mostrò una e altra fiata,

Atamante divenne tanto insano,
Che veggendo la moglie co' duo figli
Andar carcata da ciascuna mano,

Gridò: tendiam le reti, sì ch' io pigli
Da lionessa e i lioncini al varco;
E poi distese i dispietati artigli

Prendendo l' un ch' avea nome Learco,
E rotollo e percosselo ad un sasso,
E quella s' annegò con l' altro incarco:

CHANT TRENTIÈME

Dans le temps que Junon, de Sémélé jalouse,
Sans trêve ni merci se vengeait, fière épouse,
Et semblait s'acharner contre le sang thébain,

Atamas fut saisi d'une aveugle furie :
Un jour voyant la reine, une femme chérie
Qui venait en tenant ses deux fils par la main,

Il s'écrie : « A nos rets ! voici qu'une lionne
Avec ses lionceaux à nos coups s'abandonnne !
A ces mots étendant son bras tout forcené

Il prend l'un d'eux, Léarque, en l'air il le balance
Au-dessus de sa tête, et contre un roc le lance ;
Et la mère se noie avec son dernier né.

E quando la fortuna volse in basso
L' altezza de' Trojan che tutto ardiva,
Sì che 'nsieme col regno il re fu casso,

Ecuba trista misera e cattiva,
Poscia che vide Polisena morta,
E del suo Polidoro in su la riva

Del mar si fu la dolorosa accorta,
Forsennata latrò sì come cane:
Tanto dolor le fè la mente torta.

Ma nè di Tebe furie nè Trojane
Si vider mai in alcun tanto crude,
Non punger bestie, non che membra umane,

Quant' io vidi du' ombre smorte e nude,
Che mordendo correvan di quel modo
Che 'l porco, quando del porcil si schiude.

L' una giunse a Capocchio, ed in sul nodo
Del collo l' assannò sì, che tirando
Grattar gli fece il ventre al fondo sodo.

E l' Aretin, che rimase tremando,
Mi disse: quel folletto è Gianni Schicchi,
E va rabbioso altrui così conciando.

CHANT XXX.

Et jadis, quand le sort fit tomber en poussière
Les splendeurs d'Ilion et sa puissance altière,
Et coucha dans la tombe un royaume et son roi,

Lorsque la triste Hécube, éplorée et captive,
Pleurant sa fille morte, aperçut sur la rive
Polydore son fils mort aussi, quel effroi !

Quel désespoir au cœur de la pauvre Troyenne !
On l'entendit alors hurler cemme une chienne,
Si grand fut le délire où la jetaient ses maux.

Mais ni Thèbes ni Troie, en ces jours de carnage,
Ne montrèrent jamais si furieuse rage
Sur des membres humains ou sur des animaux,

Que ne m'en firent voir deux spectres nus, livides,
Qui couraient mordant l'air comme des porcs avides
Quand de leur bauge ouverte ils s'échappent sans frein.

L'un d'eux joint Capocchio qu'il poursuit à la trace ;
Il lui plonge ses crocs dans le cou, le terrasse
Et lui meurtrit les flancs contre l'âpre terrain.

L'habitant d'Arezzo, de terreur immobile,
Me dit : « Ce forcené, c'est Schicchi, fourbe habile :
Voilà comme nous traite ici cet insensé. »

Oh, diss' io lui, se l' altro non ti ficchi
Li denti addosso, non ti sia fatica
A dir chi è, pria che di qui si spicchi.

Ed egli a me: quell' è l' anima antica
Di Mirra scelerata, che divenne
Al padre fuor del dritto amore amica.

Questa a peccar con esso così venne,
Falsificando se in altrui forma,
Come l' altro che 'n là sen' va, sostenne,

Per guadagnar la donna della torma,
Falsificare in se Buoso Donati,
Testando, e dando al testamento norma,

E poi che i duo rabbiosi fur passati,
Sovra i quali io avea l' occhio tenuto,
Rivolsilo a guardar gli altri mal nati.

I' vidi un fatto a guisa di liuto,
Pur ch' egli avesse avuta l' anguinaia
Tronca dal lato che l' uomo ha forcuto.

La grave idropisia che sì dispaia
Le membra con l' omor che mal converte,
Che 'l viso non risponde a la ventraia,

— « Oh! dis-je, quel est l'autre? A sa dent meurtrière
Puisses-tu, malheureux, puisses-tu te soustraire!
Mais apprends-moi son nom avant qu'il soit passé.

Capocchio répondit : « Cette ombre est l'âme antique
De l'infâme Myrrha, cette fille impudique
Dont le coupable amour fit d'un père un amant.

Pour assouvir le vœu de son ardeur impure
Elle avait su d'une autre emprunter la figure,
Tout comme Jean Schicchi que tu vois en avant,

Pour prix d'une cavale à sa fourbe promise,
Contrefit Donat mort, et, par cette surprise,
Fit de vrais héritiers dans un faux testament. » (1)

Bientôt je vis se perdre en la sombre étendue
Ces ombres qui tenaient mon âme suspendue :
Je me tournai pour voir les autres un moment.

L'une frappa mes yeux, qui me semblait énorme
Et d'un théorbe antique eût rappelé la forme,
Si le tronc de la fourche eût pu se séparer.

La triste hydropisie aux humains si pesante,
Qui mêle en un sang pur une humeur malfaisante
Et fait avec le corps le visage jurer,

Faceva lui tener le labbra aperte
Come l' etico fa, che per la sete
L' un verso 'l mento, e l' altro in su riverte.

O voi che senza alcuna pena siete
(E non so io perchè) nel mondo gramo,
Diss' egli a noi, guardate e attendete

A la miseria del maestro Adamo:
Io ebbi vivo assai di quel ch' i' volli,
E ora, lasso, un gocciol d' acqua bramo.

Li ruscelletti che de' verdi colli
Del Casentin discendon giuso in Arno,
Facendo i lor canali e freddi e molli,

Sempre mi stanno innanzi, e non indarno,
Che l' imagine lor via più m' asciuga
Che 'l male ond' io nel volto mi discarno:

La rigida giustizia che mi fruga,
Tragge cagion del luogo ov' i' peccai
A metter più gli miei sospiri in fuga.

Ivi è Romena, là dov' io falsai
La lega suggellata del Batista,
Perch' io il corpo suso arso lasciai.

Tenait de ce damné la bouche grande ouverte.
Telles sont d'un fiévreux les lèvres : l'une inerte
Et l'autre vers le nez montant péniblement.

— « O vous, qui parcourez, faveur inexplicable !
Sans souffrir comme nous, le monde misérable,
Regardez, nous dit-il, regardez un moment !

Voyez de maître Adam l'ineffable misère ! (2)
Opulent et comblé, j'ai vécu sur la terre,
Et je soupire ici, las ! après un peu d'eau.

Oh ! les ruisseaux qu'Arno reçoit de la montagne,
Courant moites et frais à travers la campagne,
Mouillant du Casentin le verdoyant coteau !

Toujours je les revois ! désespérante image !
Le mal qui me dévore et creuse mon visage
Dessèche moins ma lèvre et me fait moins souffrir.

Ainsi du Tout-Puissant l'implacable Justice
Des lieux où j'ai péché se sert pour mon supplice,
Et me fait soupirer de peine et de désir.

Là-bas est Roména; là, j'osai contrefaire
Le coin de Jean-Baptiste, et fus comme faussaire
Jeté vif au bûcher où j'ai laissé mes os.

Ma s'i' vedessi qui l'anima trista
Di Guido o d'Alessandro o di lor frate,
Per fonte Branda non darei la vista.

Dentro ce l'una già, se l'arrabbiate
Ombre che vanno intorno dicon vero:
Ma che mi val, ch' ho le membra legate?

S'i' fossi pur di tanto ancor leggiero.
Ch' i' potessi in cent'anni andare un' oncia,
I' sarei messo già per lo sentiero

Cercando lui tra questa gente sconcia,
Con tutto ch' ella volge undici miglia,
E più d'un mezzo di traverso non ci ha.

I' son per lor tra sì fatta famiglia:
Ei m'indussero a battere i fiorini
Ch' avevan tre carati di mondiglia.

Ed io a lui: chi son li duo tapini
Che fuman come man bagnata il verno,
Giacendo stretti a' tuoi destri confini?

Qui gli trovai, e poi volta non dierno,
Rispose, quando piovvi in questo greppo,
E non credo che deano in sempiterno.

Mais! pour voir Alexandre et Guide avec son frère
Altérés comme moi dans ce lieu de misère,
Fontaine de Branda, je donnerais tes eaux! (3)

L'un déjà m'a suivi : du moins je m'en rapporte
Aux forcenés qui vont courant, (4) mais que m'importe?
Quel baume est-ce pour moi quand je suis enchaîné?

Si cette hydropisie accablante et maligne
Me laissait en cent ans avancer d'une ligne,
J'eusse entrepris déjà le chemin fortuné,

Le cherchant à travers la misérable race,
Encore que le val soit grand, et qu'il embrasse
Onze milles de tour et presqu'un en largeur.

Car si je suis ici, ma peine est leur ouvrage.
En mêlant aux florins trois carats d'alliage
J'eus le tort d'écouter leur conseil corrupteur! »

« Quelles sont, dis-je alors, ces deux ombres livides,
Suant comme en hiver fument des mains humides,
Ces deux pécheurs gisant serrés à ton côté? »

— « Du jour où j'ai dû choir au milieu de leur race,
Je les ai vus, dit-il, couchés à cette place,
Et je crois qu'ils y sont pour toute éternité.

L'una è la falsa che accusò Giuseppo.
L'altro è 'l falso Sinon Greco da Troja :
Per febbre acuta gittan tanto leppo.

E l'un di lor che si recò a noja
Forse d'esser nomato sì oscuro,
Col pugno gli percosse l'epa croja :

Quella sonò come fosse un tamburo :
E mastro Adamo gli percosse 'l volto
Col braccio suo che non parve men duro,

Dicendo a lui : ancor che mi sia tolto
Lo muover per le membra che son gravi,
Ho io il braccio a tal mestier disciolto :

Ond' ei rispose : quando tu andavi
Al fuoco, non l'avei tu così presto :
Ma sì e più l'avei quando coniavi.

E l'idropico : tu di' ver di questo :
Ma tu non fosti sì ver testimonio
Là 've del ver fosti a Troja richiesto.

S' i' dissi falso, e tu falsasti 'l conio,
Disse Sinone, e son qui per un fallo,
E tu per più ch' alcun altro dimonio.

L'une accusa Joseph; l'autre, d'elle bien digne,
C'est ce faux Troyen Grec, Sinon, un fourbe insigne :
L'âpre fièvre leur fait suer cette vapeur. »

A peine il achevait, que l'un des deux coupables,
Irrité de subir ces noms insupportables,
Frappe d'un coup de poing le flanc du monnayeur,

Qui résonne et gémit comme eût fait une armure ;
Maître Adam aussitôt lui paye cette injure,
Et d'un bras vigoureux atteint le Grec au front,

Lui disant : « Tu le vois, je ne suis pas imgambe ;
Mais si l'hydropisie appesantit ma jambe,
Pour ce jeu-là du moins j'ai le bras assez prompt. »

L'autre lui répondit : « Jadis, quand dans la flamme
Il te fallut monter, tu fus moins preste, infâme !
Et tu n'eus le bras vif que pour battre le coin. »

— « En ceci tu dis vrai, repartit l'hydropique ;
Mais tu n'as pas été jadis si véridique
A Troie, où tu prenais tous les dieux à témoin. »

— « J'ai dit faux une fois, et suis d'ailleurs sincère ;
J'expie un seul péché, mais toi, tu fus faussaire,
Et nul autre démon n'a péché tant que toi. »

Ricorditi, spergiuro, del cavallo.
Rispose quei ch' aveva infiata l' epa,
E sieti reo, che tutto 'l mondo sallo.

A te sia rea la sete onde ti crepa,
Disse 'l Greco, la lingua, e l' acqua marcia,
Che 'l ventre innanzi gli occhi ti s' assiepa.

Allora il monetier: così si squarcia
La bocca tua per dir mal come suole:
Che s' i' ho sete, ed umor mi rinfarcia,

Tu hai l' arsura, e 'l capo che ti duole.
E per leccar lo specchio di Narcisso
Non vorresti a 'nvitar molte parole.

Ad ascoltarli er' io del tutto fisso,
Quando 'l maestro mi disse: or pur mira,
Che per poco è che teco non mi risso.

Quand' io 'l senti' a me parlar con ira,
Volsimi verso lui con tal vergogna,
Ch' ancor per la memoria mi si gira.

E quale è quei che suo dannaggio sogna,
Che sognando desidera sognare,
Sì che quel ch' è, come non fosse, agogna.

CHANT XXX.

— « Songe, dit le pécheur aux flancs tout gonflés, songe
Au cheval de Pergame, artisan de mensonge!
L'univers tout entier connaît ta bonne foi! »

— « Languis, lui dit le Grec, de plus en plus farouche,
Languis avec la soif qui crevasse ta bouche;
Pourris avec le pus dont ton ventre est gonflé! »

Alors le monnayeur : « Ta langue en cet outrage
A versé le venin familier à ta rage;
Si mes lèvres ont soif, si mon corps est enflé,

De la fièvre et du feu tu ressens le supplice,
Et je crois qu'à lécher le miroir de Narcisse,
On te déciderait sans beaucoup marchander. »

A ce honteux débat, moi je prêtais l'oreille.
« Allons, me dit mon maître, allons, c'est à merveille;
Je ne sais qui me tient vraiment de te gronder. »

A ce ton irrité dont sa voix me gourmande,
Je me tournai saisi d'une honte si grande,
Qu'en y pensant je crois encore l'éprouver.

Et, semblable à celui qui rêvant la souffrance
Forme dans son sommeil un vœu comblé d'avance,
Et qui tout en rêvant souhaite de rêver;

Tal mi fec' io, non potendo parlare,
Che disiava scusarmi, e scusava
Me tuttavia, e nol mi credea fare.

Maggior difetto men vergogna lava,
Disse 'l maestro, che 'l tuo non è stato :
Però d'ogni tristizia ti disgrava :

E fa ragion ch' i' ti sia sempre allato,
Se più avvien che fortuna t'accoglia
Dove sien genti in simigliante piato :

Che voler ciò udire è bassa voglia.

CHANT XXX.

Tel j'étais, ne pouvant parler, l'âme confuse,
Et brûlant de trouver à mon tort une excuse,
Lorsque déjà j'étais absous sans le savoir.

« Moins de confusion lave plus grande faute,
Dit mon maître, tu peux lever la tête haute,
Pour un tort pardonné cesse de t'émouvoir.

Seulement, souviens-toi que près de toi je veille.
Et si tu revoyais une lutte pareille,
Passe sans t'arrêter près de tels furieux.

Où la rixe est ignoble, écouter est honteux. »

NOTES DU CHANT XXX.

1. Buoso Donati étant mort sans tester, Jean Schicchi, de la famille de Cavalcanti, de Florence, se mit dans le lit du défunt, et dicta sous son nom un testament au préjudice des héritiers légitimes : aventure assez semblable à celle imaginée par Regnard dans la comédie du *Légataire universel.*

2. Maître Adam, de Brescia, condamné au feu pour avoir, d'intelligence avec les comtes de Roména, Alexandre, Guido et un autre, falsifié les florins d'or frappés à l'effigie de saint Jean-Baptiste, c'est-à-dire aux armes de Florence.

3. Fontaine célèbre de Sienne.

4. Ces forcenés sont les fourbes qui ont contrefait les personnes, comme ce Schicchi qui allait courant tout à l'heure et qui a mordu l'alchimiste faussaire Capocchio

ARGUMENT DU CHANT XXXI.

Les deux poètes ont vu successivement les dix bolges du cercle des fourbes, le huitième de tout l'enfer. Ils vont descendre maintenant au neuvième cercle, celui des traîtres. C'est ce puits annoncé au commencement du dix-huitième chant. Il est divisé en quatre girons ou zones différentes. Aux abords du gouffre, tout à l'entour, se tiennent des géants mythologiques et antédiluviens. Les deux poètes, portés dans les bras de l'un des géants, descendent dans le puits.

CANTO TRENTESIMOPRIMO

Una medesma lingua pria mi morse,
Sì che mi tinse l'una e l'altra guancia,
E poi la medicina mi riporse :

Così od'io che soleva la lancia
D'Achille e del suo padre esser cagione
Prima di trista, e poi di buona mancia.

Noi demmo 'l dosso al misero vallone
Su per la ripa che 'l cinge dintorno
Attraversando senza alcun sermone.

Quivi era men che notte e men che giorno,
Sì che 'l viso m'andava innanzi poco :
Ma io senti' sonare un alto corno,

CHANT TRENTE-UNIÈME.

Un seul mot échappé de la bouche du sage
M'avait mordu le cœur et rougi le visage :
Un seul mot de sa bouche apaisa mon chagrin.

D'Achille et de son père, ainsi, dit-on, la lance
Frappait, puis du blessé guérissait la souffrance,
Donnant après le mal le baume souverain.

Nous tournâmes le dos au vallon de misère,
Marchant silencieux le long du bord de pierre
Qui s'étendait autour du cercle douloureux.

Or, là régnait un jour crépusculaire et sombre.
Mes regards ne pouvaient s'étendre à travers l'ombre,
Mais j'entendis sonner un cor si furieux

Tanto ch' avrebbe ogni tuon fatto fioco,
Che contra se la sua via seguitando
Dirizzò gli occhi miei tutti ad un loco:

Dopo la dolorosa rotta, quando
Carlo Magno perdè la santa gesta,
Non sonò sì terribilmente Orlando.

Poco portai in là alta la testa,
Che mi parve veder molte alte torri·
Ond' io: maestro, dì, che terra è questa?

Ed egli a me: però che tu trascorri
Per le tenebre troppo da la lungi,
Avvien che poi nel maginare aborri.

Tu vedra' ben, se tu là ti congiungi,
Quanto 'l senso s' inganna di lontano:
Però alquanto più te stesso pungi.

Poi caramente mi prese per mano,
E disse: pria che noi siam più avanti,
Acciocchè 'l fatto men ti paja strano,

Sappi che non son torri, ma giganti,
E son nel pozzo intorno da la ripa
Da l' umbilico in giuso tutti quanti.

CHANT XXXI. 231

Qu'il aurait étouffé le fracas du tonnerre.
Je suivis le chemin du son, en sens contraire,
Les yeux sur un seul point attachés ardemment.

Dans ce jour de déroute immense où Charlemagne (1)
Perdit soudain le fruit de la sainte campagne,
Roland donna du cor moins formidablement.

J'avançai quelque peu la tête, et crus dans l'ombre
Apercevoir des tours hautes en très-grand nombre.
« Maître, dis-je, apprends-moi quelle est cette cité? »

Et lui me répondit : « La nuit et la distance
Des objets que tu vois ont changé l'apparence;
Ton esprit se méprend sur la réalité.

Tu verras bien, lorsque tu toucheras au terme,
Combien l'éloignement trompe même un œil ferme ;
Mais afin d'arriver, pressons un peu le pas. »

Puis il me prit la main, et d'un son de voix tendre :
« Avant d'aller plus loin, dit-il, je veux t'apprendre,
Afin que ces objets ne t'épouvantent pas,

Que ce ne sont point là des tours comme il te semble,
Mais des géants plongés dans un puits, tous ensemble,
Tout à l'entour du bord, du nombril jusqu'aux pieds. »

Come quando la nebbia si dissipa,
Lo sguardo a poco a poco raffigura
Ciò che cela 'l vapor che l'aere stipa:

Così forando l'aer grossa e scura,
Più e più appressando in ver la sponda,
Fuggiami errore, e giugneami paura:

Perocchè come in su la cerchia tonda
Montereggion di torri si corona,
Così la proda che 'l pozzo circonda,

Torreggiavan di mezza la persona
Gli orribili giganti, cui minaccia
Giove del cielo ancora, quando tuona:

Ed io scorgeva già d'alcun la faccia,
Le spalle e 'l petto, e del ventre gran parte,
E per le coste giù ambo le braccia.

Natura certo quando lasciò l'arte
Di sì fatti animali, assai fè bene,
Per tor cotali esecutori a Marte:

E s'ella d'elefanti e di balene
Non si pente; chi guarda sottilmente,
Più giusta e più discreta la ne tiene:

Comme quand au soleil un brouillard vient se fondre,
Les objets par degrés cessent de s' confondre
Et bientôt le regard les revoit tout entiers :

Ainsi mon œil perçait cette atmosphère noire,
Plus je me rapprochais du puits expiatoire ;
Et mon erreur s'enfuit, mais la peur arriva.

Comme on voit le château de Monteregione : (2)
De tours et de bastions sa tête se couronne,
De même, sur le bord qui ceignait ce puits-là,

S'élevaient à mi-corps comme des tours solides,
Ces horribles Titans, ces géants parricides,
Et, qu'en tonnant, menace encore Jupiter.

Et de l'un d'eux déjà je voyais la figure,
Les épaules, le tronc plus bas que la ceinture,
Et les bras qui pendaient sur ses hanches de fer.

La nature fut sage et prévoyante mère
En cessant de créer ces monstres sur la terre,
En enlevant à Mars de pareils instruments.

Elle met l'éléphant et la baleine au monde
Et le fait sans regret ; et sa bonté féconde
Se marque en traits profonds dans ces enfantements.

Che dove l' argomento de la mente
S' aggiunge al mal volere e a la possa,
Nessun riparo vi può far la gente.

La faccia sua mi parea lunga e grossa
Come la pina di san Pietro a Roma:
E a sua proporzione eran l' altr' ossa:

Sì che la ripa ch' era perizoma
Dal mezzo in giù, ne mostrava ben tanto
Di sopra, che di giungere a la chioma

Tre Frison s' averian dato mal vanto:
Perocch' i' ne vedea trenta gran palmi
Dal luogo in giù, dov' uom s' affibia 'l manto.

Rafel mai amech zabì almi,
Cominciò a gridar la fiera bocca,
Cui non si convenien più dolci salmi.

E 'l duca mio ver lui: anima sciocca,
Tienti col corno, e con quel ti disfoga
Quand' ira o altra passion ti tocca.

Cercati al collo, e troverai la soga
Che 'l tien legato, o anima confusa,
E vedi lui che 'l gran petto ti doga.

CHANT XXXI.

Car alors qu'à la force animale et méchante
S'ajoute de l'esprit la force intelligente,
Il n'est plus de remparts pour repousser le mal.

La face du géant était énorme, comme
La pomme que l'on voit à Saint-Pierre, de Rome.
Son corps se rapportait à ce chef colossal.

La rive autour du puits en ceinture arrondie
Qui couvrait de son corps la plus grande partie,
En laissait voir assez pour qu'en vain trois Frisons

Eussent pensé toucher sa tête surhumaine,
Puisque je mesurais trente palmes sans peine,
De son cou jusqu'au bord recouvert de glaçons.

« Raphel amech maï Zabi... (3) » d'un ton farouche
Tels sont les premiers mots échappés de sa bouche,
Qui ne connut jamais de plus tendres refrains.

Et mon guide vers lui se tournant : « Misérable,
N'est-ce donc point assez de ta corne effroyable
Pour épancher ta rage ou tes amers chagrins ?

Cherche autour de ton cou : tu verras la courroie
Qui l'y tient attachée, âme au vertige en proie !
Tes flancs démesurés, — regarde — en sont couverts ! »

Poi disse a me : egli stesso s' accusa :
Questi è Nembrotto, per lo cui mal colo
Pure un linguaggio nel mondo non s' usa.

Lasciamlo stare, e non parliamo a voto :
Che così è a lui ciascun linguaggio,
Come 'l suo ad altrui ch' a nullo è noto.

Facemmo adunque più lungo viaggio
Volti a sinistra, e al trar d' un balestro
Trovammo l' altro assai più fiero e maggio

A cinger lui, qual che fosse il maestro,
Non so io dir : ma ei tenea succinto
Dinanzi l' altro, e dietro 'l braccio destro

D' una catena che 'l teneva avvinto
Dal collo in giù, sì che 'n su lo scoperto
Si ravvolgeva infino al giro quinto.

Questo superbo voll' essere sperto
Di sua potenza contra 'l sommo Giove,
Disse 'l mio duca, ond egli ha cotal merto :

Fialte ha nome : e fece le gran pruove
Quando i giganti fer paura a i Dei :
Le braccia ch' ei menò già mai non muove.

Puis à moi : « Ce démon s'est décelé lui-même.
C'est le géant Nembrod, de qui l'audace extrême
D'idiomes discords affligea l'univers. (4)

Laissons-le! lui parler, c'est parler dans le vide :
Tout langage est perdu pour ce démon stupide
Qui ne comprend personne et que nul ne comprend. »

Nous fîmes un détour à gauche et poursuivîmes.
A portée environ d'une flèche, nous vîmes
Nouveau géant encor plus féroce et plus grand !

Quelle main l'étreignit, puissante, irrésistible,
Je ne sais ; je n'ai vu que la chaîne terrible
Qui lui rivait les bras, l'une au dos, l'autre au cœur.

Tout à l'entour du corps de ce monstre féroce,
Du cou jusqu'à l'endroit qui sortait de la fosse,
De la chaîne cinq fois tournait l'airain vainqueur.

« Ce réprouvé voulait, dans sa folle arrogance,
Contre le roi des dieux essayer sa puissance,
Dit mon guide ; voilà le fruit de ses projets.

Éphialte est son nom : il fut grand dans la guerre
Où firent peur aux dieux les enfants de la terre (5).
Les bras qu'il a levés sont cloués pour jamais. »

Ed io a lui : s'esser puote, i' vorrei
Che de lo smisurato Briareo
Esperïenza avesser gli occhi miei :

Ond' ei rispose : tu vedrai Antéo
Presso di qui, che parla ed è disciolto,
Che ne portà nel fondo d' ogni reo.

Quel che tu vuoi veder, più là è molto,
Ed è legato e fatto come questo,
Salvo che più feroce par nel volto.

Non fu tremuoto già tanto rubesto,
Che scotesse una torre così forte,
Come Fialte a scuotersi fu presto.

Allor temetti più che mai la morte,
E non v' era mestier più che la dotta,
S' i' non avessi viste le ritorte.

Noi procedemmo più avanti allotta,
E venimmo ad Antéo, che ben cinqu' alle
Senza la testa, uscía fuor de la grotta.

O tu che ne la fortunata valle
Che fece Scipion di gloria ereda,
Quand' Annibál co' suoi diede le spalle,

— « Je voudrais, s'il se peut, du géant Briarée
Voir aussi de mes yeux l'ombre démesurée »
Hasardai-je, en prenant la parole à mon tour.

Virgile répondit : « Nous allons voir Antée;
Son ombre est proche, et parle, et n'est point garrottée;
Il nous fera descendre au fond du noir séjour.

Celui que tu veux voir est plus loin ; même crime
L'a fait comme Éphialte enchaîner dans l'abîme,
Mais il est plus horrible encore à contempler. »

Éphialte à ces mots a secoué ses chaînes.
Dans le monde jamais tempêtes souterraines
N'ont fait si bruyamment tours et remparts trembler.

De ma mort je crus bien que l'heure était sonnée :
Et si je n'avais vu la grande ombre enchaînée
Je mourais de la peur qui déjà me glaçait.

Vers Antée en avant nous marchons : je m'arrête.
De cinq aunes au moins, sans comprendre la tête,
Le corps de ce géant hors du puits se dressait.

« Toi qui, dans la vallée où, subjuguant Carthage,
Scipion fit de gloire un si grand héritage,
Sur ce sol bienheureux qui vit fuir Annibal,

Recasti già mille lion per preda,
E che se fossi stato a l' alta guerra
De' tuoi fratelli, ancor par ch'e' si creda

Ch' avrebber vinto i figli de la terra:
Mettine giuso (e non ten' venga schifo)
Dove Cocito la freddura serra.

Non ci far ire a Tizio nè a Tifo:
Questi può dar di quel che qui si brama:
Però ti china, e non torcer lo grifo.

Ancor ti può nel mondo render fama:
Ch' ei vive, e lunga vita ancora aspetta,
Se innanzi tempo grazia a se nol chiama.

Così disse 'l maestro: e quegli in fretta
Le man distese, e prese il duca mio,
Ond' Ercole sentì già grande stretta.

Virgilio, quando prender si sentio,
Disse a me: fatti 'n qua sì ch' io ti prenda:
Poi fece sì, ch' un fascio er' egli ed io.

Qual pare a riguardar la Carisenda
Sotto 'l chinato, quand' un nuvol vada
Sovr' essa sì, ch' ella incontro penda:

Égorgeas en un jour cent lions et panthères !
O toi dont on a dit que si, près de tes frères,
Ton bras eût soutenu leur combat inégal,

La victoire eût été pour les fils de la Terre !
Descends-nous jusqu'au fond de votre noir cratère,
En bas, où le Cocyte est glacé dans son cours.

Garde que nous allions à Typhon ou Tithye !
Cet homme peut donner ce qu'ici l'on envie ;
Prends donc un air plus doux, et viens à son secours.

Il peut parler de toi sur la terre mortelle ;
Car il vit, et trop tôt si le ciel ne l'appelle,
Il lui reste des jours nombreux à parcourir. »

Ainsi parla mon maître, et sans le faire attendre,
Le géant étendit ses deux mains pour le prendre,
Ces mains dont autrefois Hercule eut à souffrir.

Quand Virgile sentit cette robuste étreinte :
« Que je te prenne aussi, me dit-il ; viens sans crainte. »
Il dit, et dans ses bras je me laissai presser.

Comme, par un effet bizarre de mirage,
Sur la Carisenda, lorsque passe un nuage,
La tour semble au regard prête à se renverser : (6)

Tal parve Antéo a me che stava a bada
Di vederlo chinare, e fu talora,
Ch' i' avrei volut' ir per altra strada :

Ma lievemente al fondo che divora
Lucifero con Giuda, ci posò :
Nè sì chinato li fece dimora,

E come albero in nave si levò.

Tel me parut Antée alors que de la rive
Je le vis s'incliner; mon angoisse fut vive;
Je tremblais sur le dos du moustre réprouvé.

Mais déjà le géant au fond du sombre abime
Où, près de Lucifer, Judas pleure son crime
Doucement nous dépose, et sitôt qu'arrivé,

Comme un mât de vaisseau, debout s'est relevé.

NOTES DU CHANT XXXI.

1. La déroute de Roncevaux, où périt le paladin Roland. Turpin raconte que le cor de Roland fut entendu de Charlemagne, à huit lieues de distance. Dante appelle cette campagne *sainte*, parce qu'elle avait pour but de chasser d'Espagne les Sarrasins, c'est-à-dire les infidèles.

2. Château fort près de Sienne.

3. Les commentateurs se sont bien mal à propos épuisés à découvrir le sens de ces mots qui ne sont d'aucune langue ; ils n'ont pas profité de l'avertissement que Dante lui-même semble leur donner, quelques vers plus loin, de ne pas se fatiguer inutilement.

4. Nembrod, fils de Chus, un de ceux qui travaillèrent à la tour de Babel.

> Gigantes autem erant super terram in diebus illis.
> GENÈSE, CH. VI.

5. Tout à l'heure un géant emprunté à la Bible, ici les Titans de la fable. Le poète dans tout le cours de sa fiction réunit ainsi à la fois la tradition sacrée et les traditions mythologiques.

6. La Garisenda, tour inclinée de Bologne, aujourd'hui appelée Torre mozza.

ARGUMENT DU CHANT XXXII.

Cercle des traîtres, le neuvième et dernier. Les ombres des traîtres grelottent au milieu d'un lac glacé. Dante et son guide passent d'abord par *la Caïne,* première zone du cercle, celle des traîtres envers leurs parents; différentes ombres y attirent leur attention. Puis marchant toujours sur le lac glacé ils arrivent à *l'Antenora,* la zone des traîtres à leur patrie. Dante heurte du pied un damné qui a honte de dire son nom : une fois reconnu il signale au poëte plusieurs de ses compagnons. Tout à coup deux pécheurs apparaissent sortant la tête d'un même trou. L'un dévore le crâne de l'autre. Le poëte demande à l'ombre forcenée le motif de sa rage.

CANTO TRENTESIMOSECONDO

S'i' avessi le rime e aspre e chiocce,
Come si converrebbe al tristo buco
Sovra 'l qual pontan tutte l'altre rocce,

I' premerei di mio concetto il suco
Più pienamente: ma perch' i' non l'abbo,
Non senza tema a dicer mi conduco:

Che non è 'mpresa da pigliare a gabbo
Descriver fondo a tutto l'universo,
Nè da lingua che chiami mamma o babbo.

CHANT TRENTE-DEUXIÈME.

Si j'avais l'âpre son, le vers rauque et sonore
Qui conviendrait au puits qu'il faut décrire encore,
Triste puits qui soutient tous les cercles sur soi,

Je voudrais exprimer ici jusqu'à l'écorce
Le suc de mes pensers. N'ayant pas cette force,
Au moment de parler, je me sens quelque effroi.

Peindre l'extrême enfer et le centre du monde.
Ce n'est pas un vain jeu de vulgaire faconde,
Ni l'œuvre que bégaie une langue au berceau.

Ma quelle Donne ajutino 'l mio verso
Ch' ajutaro Anfione a chiuder Tebe,
Sì che dal fatto il dir non sia diverso.

Oh sovra tutte mal creata plebe
Che stai nel loco onde parlare è duro,
Me' foste state qui pecore o zebe.

Come noi fummo giù nel pozzo scuro
Sotto i piè del gigante assai più bassi,
Ed io mirava ancora a l' alto muro,

Dicere udimmi: guarda come passi:
Fa sì che tu non calchi con le piante
Le teste de' fratei miseri lassi.

Perch' i' mi volsi, e vidimi davante,
E sotto i piedi un lago che per gelo
Avea di vetro e non d' acqua sembiante.

Non fece al corso suo sì grosso velo
Di verno la Danoja in Austericch,
Nè 'l Tanai là sotto 'l freddo cielo,

Com' era quivi: che se Tabernicch
Vi fosse su caduto, o Pietrapana,
Non avria pur da l' orlo fatto cricch.

CHANT XXXII.

Mais vous qui secondiez, ô Muses souveraines,
Amphion construisant les murailles thébaines,
Faites qu'au moins mes vers approchent du tableau !

O damnés entre tous parmi les créatures,
Habitants de ces lieux d'indicibles tortures,
Que n'étiez-vous brebis ou chèvres, malheureux !

Quand nous fûmes venus plus bas dans la carrière
Sous les pieds du géant dans le puits sans lumière,
Comme sur les hauts murs je reportais mes yeux,

J'ouïs qu'on me disait : « Ah ! regarde où tu passes !
Prends garde d'écraser en marchant sur ces glaces
Les misérables fronts de frères harassés. »

Je me tourne, et je vois sous mes pieds étalée
Une nappe d'eau morte, un lac d'eau si gelée
Qu'on eût dit d'un miroir mieux que de flots glacés.

En Autriche, jamais le Danube en sa course,
Jamais le Tanaïs, sous le ciel froid de l'Ourse
N'ont le voile hivernal qui s'était formé là,

Et l'on eût pu laisser sur la croûte de glace,
Sans même que le bord craquât à la surface,
Tomber le Tabernick ou la Pietra Pana (1).

E come a gracidar si sta la rana
Col muso fuor de l'acqua, quando sogna
Di spigolar sovente la villana,

Livide infin là dove appar vergogna,
Eran l'ombre dolenti ne la ghiaccia,
Mettendo i denti in nota di cicogna.

Ognuna in giù tenea volta la faccia:
Da bocca il freddo, e da gli occhi 'l cuor tristo
Tra lor testimonianza si procaccia.

Quand' io ebbi d'intorno alquanto visto,
Volsimi a' piedi, e vidi due sì stretti,
Che 'l pel del capo aveano insieme misto.

Ditemi voi che sì stringete i petti,
Diss' io, chi siete; e quei piegar li colli,
E poi ch' ebber li visi a me eretti,

Gli occhi lor ch' eran pria pur dentro molli,
Gocciar su per le labbra, e 'l gelo strinse
Le lagrime tra essi, e riserrolli:

Con legno legno spranga mai non cinse
Forte così: ond' ei come due becchi
Cozzaro 'nsieme, tant' ira gli vinse.

CHANT XXXII.

Telles on voit au temps où l'humble paysanne
Glane aux champs et la nuit rêve encor qu'elle glane,
La tête hors de l'eau grenouilles coasser :

Ainsi leur front livide, empourpré de vergogne,
Faisant claquer leurs dents comme becs de cigogne,
Je vis dans le glacier des ombres se dresser.

Leurs têtes se penchaient en avant; leurs visages
Offraient de leurs tourments de poignants témoignages.
Sur les lèvres le froid, la douleur dans les yeux !

Quand je les eus d'abord toutes considérées,
Regardant à mes pieds, j'en vis deux si serrées
Qu'elles avaient mêlé tout à fait leurs cheveux.

« Vous qui vous étreignez, dites-moi qui vous êtes? »
M'écriai-je. En arrière ils penchèrent leurs têtes
Et levèrent sur moi des regards étonnés.

Mais les pleurs contenus dans leur paupière humide
Débordent, et le froid gelant leur flot liquide
Les condense et resserre encore les damnés.

Un crampon ne joint pas si fort deux bois ensemble.
Alors, tels deux béliers que la fureur rassemble,
De rage transportés se heurtent les pécheurs.

Ed un ch' avea perduto ambo gli orecchi
Per la freddura, pur col viso in giùe
Disse: perchè cotanto in noi ti specchi?

Se vuoi saper chi son cotesti due,
La valle onde Bisenzio si dichina,
Del padre loro Alberto e di lor fue.

D' un corpo usciro: e tutta la Caina
Potrai cercare, e non troverai ombra
Degna più d' esser fitta in gelatina:

Non quelli a cui fu rotto il petto e l'ombra
Con esso un colpo per la man d' Artù:
Non Focaccia: non questi che m'ingombra

Col capo sì, ch' i' non veggi' oltre più,
E fu nomato Sassol Mascheroni:
Se Tosco se', ben sai omai chi e' fu.

E perchè non mi metti in più sermoni,
Sappi ch' i' fu' il Camicion de' Pazzi,
E aspetto Carlin che mi scagioni.

Poscia vid' io mille visi cagnazzi
Fatti per freddo: onde mi vien riprezzo,
E verrà sempre de' gelati guazzi.

CHANT XXXII.

Un autre à qui le froid avait mangé l'oreille,
Le front baissé, me dit : « Pourquoi, car c'est merveille,
Te mirer si longtemps dans ce lac de douleurs ?

Tu veux savoir qui sont ces deux pécheurs ? La plaine
Où le Bisenzio coule fut leur domaine.
Le prince Albert leur père y vit le jour aussi.

Ils sont d'un même sein (2). Dans toute la Caïne (3)
Tu chercherais en vain une ombre florentine
Ou toute autre ayant mieux mérité d'être ici ;

Moins coupable est ce fils qu'Artus frappant d'avance. (4)
Ombre et corps à la fois perça d'un coup de lance.
Moins criminel Foccace (5) et cet autre maudit,

Cette ombre dont la tête intercepte ma vue,
Sous le nom de Sassol Mascheroni connue (6).
Toscan ! — tu l'es, je crois, — ce nom seul te suffit.

Quant à moi, pour ne pas prolonger davantage,
J'eus le nom de Pazzi-Camicion (7) en partage ;
Carlin (8) viendra bientôt m'exempter de rougir. »

Lors je vis des esprits par milliers dans la glace
Tout violets de froid ; ce souvenir vivace
Devant un gué gelé me fait encor frémir.

E mentre ch'andavamo in ver lo mezzo
Al quale ogni gravezza si rauna,
Ed io tremava ne l'eterno rezzo:

Se voler fu, o destino o fortuna,
Non so: ma passeggiando tra le teste,
Forte percossi 'l piè nel viso ad una.

Piangendo mi sgridò: perchè mi peste?
Se tu non vieni a crescer la vendetta
Di Mont'Aperti, perchè mi moleste?

Ed io; maestro mio, or qui m'aspetta,
Sì ch' i' esca d'un dubbio per costui:
Poi mi farai, quantunque vorrai, fretta.

Lo duca stette: ed io dissi a colui
Che bestemmiava duramente ancora:
Qual se' tu che così rampogni altrui?

Or tu chi se' che vai per l'Antenòra
Percotendo, rispose, altrui le gote,
Sì che se vivo fossi, troppo fora?

Vivo son' io: e caro esser ti puote,
Fu mia riposta, se domandi fama,
Ch' i' metta 'l nome tuo tra l'altre note

Comme nous avancions tous les deux assez vite
Vers le centre profond où l'univers gravite,
Tandis que je tremblais dans l'éternelle nuit,

Il arriva, — hasard ou volontaire outrage! —
Qu'en marchant au milieu des têtes, au visage
Mon pied vient à heurter quelqu'un de ce circuit.

« Pourquoi me foules-tu? dit-il, versant des larmes,
A m'outrager ainsi peux-tu trouver des charmes?
Viens-tu venger encor Mont' Aperti sur moi? »

— « Daigne m'attendre ici, dis-je alors à mon maître.
Que j'éclaircisse un doute où me jette ce traître;
Ensuite, je courrai s'il le faut avec toi. »

Il s'arrête; aussitôt parlant à l'ombre blême
Qui grommelait encor quelque horrible blasphème :
« Toi qui grognes ainsi, ton nom, esprit impur? »

— « Toi-même, quel es-tu, fit-il, qui dans ta rage
Viens dans l'Antenora (9) me frapper au visage,
Si fort, que d'un vivant le coup m'eût semblé dur? »

— « Je suis vivant, lui dis-je, et si c'est ton envie,
Je pourrai te citer, de peur qu'on ne t'oublie,
Parmi les autres noms qu'ici j'ai recueillis. »

Ed egli a me : del contrario ho io brama :
Levati quinci, e non mi dar più lagna :
Che mal sai lusingar per questa lama.

Allor lo presi per la cuticagna,
E dissi : e' converrà che tu ti nomi,
O che capel qui su non ti rimagna :

Ond' egli a me : perchè tu mi dischiomi,
Nè ti dirò ch' i' sia nè mostrerolti,
Se mille fiate in sul capo mi tomi.

I' avea già i capelli in mano avvolti,
E tratti glien' avea più d' una ciocca,
Latrando lui con gli occhi in giù raccolti,

Quando un altro gridò : che ha' tu Bocca?
Non ti basta sonar con le mascelle,
Se tu non latri? qual diavol ti tocca?

O mai, diss' io, non vo' che tu favelle,
Malvagio traditor : ch' a la tu' onta
I' porterò di te vere novelle.

Va via, rispose : e ciò che tu vuoi, conta :
Ma non tacer, se tu di qua entr' eschi,
Di que' ch' ebb' or così la lingua pronta :

— « C'est l'oubli que je veux au contraire en partage !
Va-t'en, sans m'affliger ni parler davantage !
Tes appeaux pour ce lac ont été mal choisis. »

Par la peau de la nuque alors je prends mon homme :
« Il faudra bien pourtant dire comme on te nomme,
Si tu tiens à garder un seul de tes cheveux. »

— « Non ! tu ne sauras pas qui je suis, dit le traître ;
Et tu ne parviendras jamais à me connaître ;
Écorche, écrase-moi sous tes pieds, si tu veux ! »

Déjà je rassemblais dans ma main menaçante
Les cheveux du coupable, et l'ombre frémissante
Aboyait comme un chien, les yeux tout renversés,

Quand une autre cria : « Quelle est donc cette fièvre,
Bocca ? (10) Claquer des dents, grelotter de la lèvre,
Si tu ne hurles pas, ce n'est donc pas assez ? »

— « Bien ! je n'ai plus besoin qu'à moi tu te révèles ;
A la honte je puis porter de tes nouvelles,
Dis-je alors, et conter ton sort, méchant félon ! »

— « Va donc, répliqua-t-il, et, libre à toi ! raconte.
Mais, si tu peux sortir, emporte aussi le compte
De qui fut si pressé de révéler mon nom.

Ei piange qui l'argento de' Franceschi:
I' vidi, potrai dir, quel da Duera
Là dove i peccatori stanno freschi.

Se fossi dimantado altri chi v'era,
Tu hai dallato quel di Beccheria,
Di cui segò Fiorenza la gorgiera.

Gianni del Soldanier credo che sia
Più la con Ganellone e Tribaldello,
Ch' aprì Faenza quando si dormia.

Noi eravam partiti già da ello,
Ch' i' vidi duo ghiacciati in una buca
Sì, che l'un capo a l'altro era capello:

E come 'l pan per fame si manduca,
Così 'l sovran li denti a l'altro pose
Là 've 'l cervel s'aggiunge con la nuca.

Non altrimenti Tideo sì rose
Le tempie a Menalippo per disdegno,
Che quei faceva 'l teschio e l'altre cose.

O tu che mostri per sì bestial segno
Odio sovra colui che tu ti mangi,
Dimmi 'l perchè, diss'io per tal convegno,

Il pleure ici l'argent qu'il reçut de la France.
J'ai vu, pourras-tu dire, au séjour de souffrance
Où gèlent les pécheurs, Buso de Duéra.

Si l'on te demandait les noms de quelques autres,
Regarde à tes côtés : Beccarie est des nôtres,
Un perfide qu'à mort Florence condamna.

Jean de Soldanieri gît plus bas : il doit être
Auprès de Ganellon et de Tribaldel, traître
Qui livra Faënza de nuit comme un larron. (11) »

Nous étions déjà loin : tout à coup je m'arrête.
Deux pécheurs dans un trou sortaient chacun la tête.
L'une recouvrait l'autre ainsi qu'un chaperon :

Et, comme un affamé sur le pain qu'on lui jette,
Celui qui dominait s'acharnait sur la tête
De l'autre, et le mordait de la nuque au cerveau.

Tel Tydée autrefois pour assouvir sa rage
De Ménalippe mort dévorait le visage,
Tel, des os et des chairs se gorgeait ce bourreau.

« Toi qui fais éclater de façon si brutale
Ta haine sur celui dont ta dent se régale,
Dis-moi pourquoi? criai-je, et je jure, en retour,

Che se tu a ragion di lui ti piangi,
Sappiendo chi voi siete, e la sua pecca,
Nel mondo suso ancor io te ne cangi,

Se quella con ch' i' parlo non si secca.

Si juste est la fureur qui contre lui l'anime,
Vous connaissant tous deux, sachant quel fut son crime,
De te venger encor au terrestre séjour,

Si ma langue ne sèche, en revoyant le jour ! »

NOTES DU CHANT XXXII.

1. Le Tabernick, montagne d'Esclavonie; la Pietra-Pana, montagne de Toscane.

2. Alexandre et Napoléon fils d'Alberto de' Alberti, seigneur de Falterone entre Lucques et Florence, s'entre-tuèrent après la mort de leur père, d'autant plus coupables qu'ils étaient frères consanguins et utérins.

3. Ce nom de Caïne donné à la première division du cercle des traîtres est emprunté de Caïn le meurtrier d'Abel.

4. Mordrec, fils d'Artus, s'étant embusqué pour tuer son père, celui-ci le prévint, et, d'un coup de lance, le perça de part en part.

5. Focaccia Cancellieri avait coupé la main de son cousin et assassiné son oncle.

6. Sassolo Mascheroni de Florence tua un parent pour s'emparer de ses biens.

7. Camiscione de' Pazzi, meurtrier d'Ubertino son parent.

8. Un Carlino des Pazzi est connu pour avoir été acheté par les Nino de Florence et leur avoir livré un château situé dans le val d'Arno. Mais il tiendrait mieux sa place dans la division des traîtres à la patrie. Sans doute le poète fait ici allusion à un autre traître du même nom qui avait trahi quelqu'un de ses parents.

9. L'Antenora, deuxième division du cercle des traîtres, prend son nom d'Antenor qui trahit Troie sa patrie en cachant Ulysse dans son palais.

10. Bocca des Abati trahit les siens à la bataille de Mont' Aperti.

11. Beccaria, Soldanieri, Ganellon, Tribaldel, tous traîtres à leur pays.

ARGUMENT DU CHANT XXXIII.

Récit d'Ugolin.

Dante et Virgile arrivent à la *Ptolemea,* troisième division du cercle des traîtres, zone des traîtres envers leurs hôtes. Les têtes des pécheurs sont renversées en arrière, leurs pleurs gèlent dans leurs yeux. Dante s'étonne de rencontrer frère Albéric, un damné qu'il croyait encore en vie sur la terre. Le damné lui apprend que l'âme des traîtres de son espèce est souvent, par un châtiment anticipé, précipitée en enfer avant l'heure de la mort; un démon vient alors prendre la place de l'âme traîtresse et s'établir dans le corps qu'elle a abandonné et qui paraît en vie sur la terre.

CANTO TRENTESIMOTERZO

La bocca sollevò dal fiero pasto
Quel peccator, forbendola a' capelli
Del capo ch'egli avea diretro guasto:

Poi cominciò: tu vuoi ch' i' rinnovelli
Disperato dolor che 'l cuor mi preme
Già pur pensando, pria ch' i' ne favelli.

Ma se le mie parole esser den seme,
Che frutti infamia al traditor ch' i' rodo,
Parlare e lagrimare vedrai insieme.

I' non so chi tu sie nè per che modo
Venuto se' qua giù: ma Fiorentino
Mi sembri veramente, quand' i' t'odo.

CHANT TRENTE-TROISIÈME

Lors arrachant sa lèvre à l'horrible pâture,
Ce damné l'essuya contre la chevelure
Du crâne que derrière il venait de ronger ;

Ensuite il commença : « Tu veux donc que j'attise
L'effroyable douleur, lorsque mon cœur se brise
Même avant de parler, seulement d'y songer.

Pourtant si mon récit doit, semence ennemie,
Au traître que je ronge, apporter l'infamie,
Tu me verras parler et pleurer à la fois.

Je ne sais pas ton nom ni par quelle puissance
Tu viens jusqu'ici-bas ; mais ta ville est Florence,
Je crois le deviner à l'accent de ta voix.

Tu de' saper ch' i' fu 'l Conte Ugolino,
E questi l' Archivescovo Ruggieri:
Or ti dirò perch' i' son tal vicino.

Che per l' effetto de' suo' ma' pensieri,
Fidandomi di lui io fossi preso,
E poscia morto, dir non è mestieri.

Però quel che non puoi avere inteso,
Cioè, come la morte mia fu cruda,
Udirai e saprai se m' ha offeso.

Breve pertugio dentro da la muda,
La qual per me ha 'l titol de la fame,
E 'n che conviene ancor ch' altrui si chiuda,

M' avea mostrato per lo suo forame
Più lune già, quand' i' feci 'l mal sonno
Che del futuro mi squarciò 'l velame.

Questi pareva a me maestro e donno,
Cacciando 'l lupo e i lupicini al monte,
Perchè i Pisan veder Lucca non ponno.

Con cagne magre studiose e conte
Gualandi con Sismondi e con Lanfranchi
S' avea messi dinanzi da la fronte.

CHANT XXXIII.

C'est le comte Ugolin, si tu veux me connaître,
Que tu vois, et Roger l'archevêque est ce traître. (1)
Je suis un dur voisin, oui, mais apprends pourquoi.

Que ce fut à l'effet de son lâche artifice,
En me fiant à lui, que j'ai dû mon supplice,
Ma prison et ma mort, tu le sais comme moi.

Mais ce que tu ne peux avoir appris sans doute,
C'est combien cette mort fut atroce : or, écoute ;
Et tu pourras juger ce qu'il m'a fait souffrir.

Par l'étroit soupirail de la prison obscure
Dite *Tour de la Faim* du nom de ma torture
Et qui doit après moi pour d'autres se rouvrir,

La lune avait brillé plusieurs fois tout entière,
Quand un rêve effrayant, comme un trait de lumière,
Déchira de mon sort les voiles bienfaisants.

Devant cet homme-là, fier seigneur en campagne.
Un loup et ses petits fuyaient vers la montagne
Par qui Lucque est cachée aux regards des Pisans.

Avec de maigres chiens, meute avide, efflanquée,
En avant et de front sur la bête traquée
Galandi, Sismondi, Lanfranchi s'élançaient.

In picciol corso mi pareano stanchi
Lo padre e i figli, e con l'agute scane
Mi parea lor veder fender li fianchi.

Quando fui desto innanzi la dimane,
Pianger senti' fra 'l sonno i miei figliuoli
Ch' eran con meco, e dimandar del pane.

Ben se' crudel, se tu già non ti duoli
Pensando ciò ch' al mio cuor s'annunziava:
Et se non piangi, di che pianger suoli?

Già eram desti, e l'ora s'appressava
Che 'l cibo ne soleva essere addotto,
E per suo sogno ciascun dubitava,

Ed io senti' chiavar l'uscio di sotto
A l'orribile torre: ond' io guardai
Nel viso a' miei figliuoli senza far motto:

I' non piangeva, sì dentro impietrai:
Piangevan' elli; ed Anselmuccio mio
Disse: tu guardi sì, padre: che hai?

Però non lagrimai nè rispos' io
Tutto quel giorno nè la notte appresso,
Infin che l'altro sol nel mondo uscio.

CHANT XXXIII.

Après quelques instants de course dans la plaine,
Le loup et ses petits me semblaient hors d'haleine
Et les crocs des grands chiens dans leurs flancs s'enfonçaient.

Quand je me réveillai, longtemps avant l'aurore,
J'entendis près de moi mes fils dormant encore
Qui demandaient du pain et gémissaient tout bas.

Bien cruel est ton cœur s'il ne saigne d'avance
A ce qui s'annonçait pour le mien de souffrance;
Et de quoi pleures-tu, si tu ne pleures pas?

Ils s'éveillent, et l'heure était déjà sonnée
Où l'on nous apportait le pain de la journée;
Et tous, se rappelant le rêve, étaient tremblants;

Et j'ouïs sous mes pieds qu'on verrouillait la porte
De cette horrible tour où l'espérance est morte,
Et sans dire un seul mot regardai mes enfants.

Je ne pleurais pas, moi : je devenais de pierre.
Eux pleuraient; mon petit Anselme me dit : « Père,
Quels étranges regards tu nous jettes, qu'as-tu? »

Je demeurai sans pleurs, mes yeux ne pouvaient fondre.
Tout ce jour et la nuit je restai sans répondre.
Jusqu'à ce qu'un nouveau soleil eut reparu.

Com' un poco di raggio si fu messo
Nel doloroso carcere, ed io scorsi
Per quattro visi il mio aspetto stesso:

Ambo le mani per dolor mi morsi:
E quei pensando ch' i' 'l fessi per voglia
Di manicar, di subito levorsi,

E disser: padre, assai ci fia men doglia,
Se tu mangi di noi: tu ne vestisti
Qeste misere carni, e tu le spoglia.

Quetámi allor per non fargli più tristi:
Quel dì e l'altro stemmo tutti muti:
Ahi dura terra, perchè non t'apristi?

Posciachè fummo al quarto dì venuti,
Gaddo mi si gittò disteso a' piedi,
Dicendo: padre mio, che non m'ajuti?

Quivi morì: e come tu mi vedi,
Vid' io cascar li tre ad uno ad uno
Tra 'l quinto dì, e 'l sesto: ond' i' mi diedi

Già cieco a brancolar sovra ciascuno,
E tre dì gli chiamai poich' e' fur morti:
Poscia, più che 'l dolor, potè 'l digiuno.

CHANT XXXIII.

Quand un faible rayon filtrant dans notre cage
Me fit voir la pâleur de mon propre visage
Sur quatre fronts d'enfants tout blêmis par la faim,

Je me mordis les mains dans un accès de rage.
Croyant que de la faim c'était l'horrible ouvrage,
Ces malheureux enfants de se lever soudain

Et de dire : « Bien moins nous souffrirons, mon père,
Si tu manges de nous : de ces chairs de misère
Tu nous as revêtus ; tu nous les reprendras. »

Je me calmai, de peur d'accroître leur souffrance.
Ce jour et le suivant tous gardions le silence
Terre dure ! ah ! pourquoi ne t'entr'ouvris-tu pas ?

Au quatrième jour, sans force contre terre,
Gaddo tombe à mes pieds en murmurant : « Mon père,
Tu ne viendras donc pas au secours de ton fils ! »

Il meurt, et comme ici tu me vois, j'ai, de même,
Vu de mes yeux tomber, de ce jour au sixième,
Les trois l'un après l'autre ; et puis plus rien ne vis :

Sur leurs corps, à tâtons, je me traîne et chancelle.
Ils sont morts, et trois jours encor je les appelle :
La faim fut plus puissante alors que la douleur. »

Quand' ebbe detto ciò, con gli occhi torti
Riprese 'l teschio misero co' denti,
Che furo a l'osso come d'un can forti.

Ahi Pisa, vituperio de le genti
Del bel paese là dove 'l sì suona;
Poi che i vicini a te punir son lenti,

Muovasi la Capraja e la Gorgona,
E faccian siepe ad Arno in su la foce,
Sì ch' egli annieghi in te ogni persona:

Che se 'l Conte Ugolino aveva voce
D' aver tradita te de le castella,
Non dovei tu i figliuoi porre a tal croce.

Innocenti facea l' età novella,
Novella Tebe, Uguccione, e 'l Brigata,
E gli altri duo che 'l canto suso appella.

Noi passamm' oltre là 've la gelata
Ruvidamente un' altra gente fascia,
Non volta in giù, ma tutta riversata.

Lo pianto stesso lì pianger non lascia,
E 'l duol che truova 'n su gli occhi rintoppo
Si volve in entro a far crescer l'ambascia:

Quand il eut achevé, roulant un œil farouche,
Le forcené reprit le crâne dans sa bouche
Et fouilla jusqu'à l'os comme un chien en fureur.

Ah! Pise! déshonneur de la belle patrie
Où résonne le *si!* de ton ignominie,
Puisqu'ils sont, tes voisins, si lents à te punir,

Puissent marcher ensemble et Gorgone et Caprée! (2)
Qu'aux bouches de l'Arno leur masse conjurée
Le fassent refluer sur toi pour t'engloutir!

Si du comte Ugolin les trames criminelles
Avaient, comme on l'a dit, livré tes citadelles,
Pourquoi vouer ses fils à ce supplice affreux?

D'Uguccion, de Brigat, l'âge innocent et tendre.
Thèbes nouvelle! eût dû suffire à les défendre,
Et ces deux qu'en mes vers j'ai nommés avant eux!

Nous marchâmes alors plus avant, où la glace
Dans ses rudes liens enserre une autre race.
Les têtes en arrière ici se renversaient.

Les pleurs même arrêtaient les pleurs près de descendre;
La douleur par les yeux ne pouvant se répandre,
Retombait sur le cœur, et les tourments croissaient.

Che le lagrime prima fanno groppo,
E sì come visiere di cristallo,
Riempion sotto 'l ciglio tutto 'l coppo.

E avvegna che, sì come d'un callo,
Per la freddura ciascun sentimento
Cessato avesse del mio viso stallo :

Già mi parea sentire alquanto vento :
Perch' i' : maestro mio, questo chi muove?
Non è qua giuso ogni vapore spento?

Ond' egli a me : avaccio sarai, dove
Di ciò ti farà l' occhio la risposta,
Veggendo la cagion che 'l fiato piove.

E un de' tristi de la fredda crosta
Gridò a noi : o anime crudeli
Tanto, che data v'è l'ultima posta,

Levatemi dal viso i duri veli;
Sì ch' i' sfoghi 'l dolor che 'l cuor m'impregna,
Un poco pria che 'l pianto si raggieli.

Perch' io a lui : se vuoi ch' i' ti sovvegna,
Dimmi chi fosti, e s' i' non ti disbrigo,
Al fondo de la ghiaccia ir mi convegna.

CHANT XXXIII.

Les premiers pleurs s'étaient gelés dans la paupière,
Et remplissant de l'œil la coupe tout entière,
L'avaient comme couvert d'un voile de cristal.

Et de l'âpre froidure encore que l'outrage
Eût comme d'un calus endurci mon visage
Déjà presque insensible à cet air glacial,

D'une brise pourtant je crus sentir l'atteinte :
« Toute vapeur ici n'est-elle pas éteinte?
Maître, dis-je, apprends-moi qui nous souffle ce vent? »

Et le maître me dit : « Tantôt tu vas l'apprendre;
Tes yeux te répondront où nous allons descendre,
Et toi-même en verras la cause en arrivant. »

Alors un affligé des glaces éternelles
Cria vers nous : « O vous, ombres assez cruelles
Pour avoir cette place aux suprêmes douleurs,

De grâce, arrachez-moi le voile insurmontable,
Pour que j'épanche un peu la douleur qui m'accable
Avant que de nouveau gèlent mes tristes pleurs! »

Je lui dis : « Si tu veux qu'à ton désir j'accède,
Apprends-moi ton histoire, et si ma main ne t'aide,
Au fond de ce glacier je consens à plonger. »

Rispose adunque : i' son Frate Alberigo :
I' son quel de le frutte del mal' orto,
Che qui riprendo dattero per figo.

O', dissi lui, or se' tu ancor morto?
Ed egli a me : come 'l mio corpo stea
Nel mondo su, nulla scienzia porto.

Cotal vantaggio ha questa Tolommea,
Che spesse volte l'anima ci cade
Innanzi ch' Atropós mossa le dea.

E perchè tu più volontier mi rade
Le 'nvetriate lagrime dal volto,
Sappi che tosto che l'anima trade,

Come fec' io, il corpo suo l'è tolto
Da un dimonio che poscia il governa,
Mentre che 'l tempo suo tutto sia volto.

Ella ruina in sì fatta cisterna :
E forse pare ancor lo corpo suso
De l' ombra che di qua dietro mi verna :

Tu 'l dei saper, se tu vien pur mo giuso :
Egli è Ser Branca d'Oria, e son più anni
Poscia passati ch' ei fu sì racchiuso.

Il répond : « Je suis frère Albéric; pour ma perte,
J'ai d'un mauvais jardin fait manger la desserte;
Datte pour figue ici je paye mon verger (3).

— « Quoi ! » dis-je, « es-tu donc mort, et quel est ce mystère? »
Il repartit : « L'état de mon corps sur la terre
Est un secret qu'ici je n'ai pas apporté.

C'est le lot de ce cercle appelé Ptolémée (4),
Que souvent l'âme y tombe à jamais abîmée
Bien avant que son corps n'y soit précipité.

Et pour que mieux ta main propice me soulage
De ce cristal de pleurs glacés sur mon visage,
Apprends que dès qu'une âme a sur terre trahi

Ainsi que je l'ai fait, au corps dont il la chasse,
Un démon s'établit et gouverne à sa place
Jusqu'à ce que le cours de ses jours soit rempli.

L'âme tombe en ce puits glacé qui la dévore.
Et peut-être le corps là-haut se voit encore
De l'ombre qui grelotte ici derrière moi.

Si tu viens d'arriver, tu dois bien le connaître,
C'est messire d'Oria (5); depuis longtemps, le traître
Est dans ces fers glacés serré comme tu vois. »

I' credo, diss' io lui, che tu m'inganni:
Che Branca d'Oria, non morì unquanche,
E mangia e bee e dorme e veste panni.

Nel fosso su, diss' ei, di Malebranche,
Là dove bolle la tenace pece,
Non era giunto ancora Michel Zanche,

Che questi lasciò 'l diavolo in sua vece
Nel corpo suo, e d'un suo prossimano
Che 'l tradimento insieme con lui fece

Ma distendi oramai in qua la mano,
Aprimi gli occhi: ed io non gliele apersi,
E cortesia fù lui esser villano.

Ahi Genovesi, uomini diversi
D' ogni costume, e pien d'ogni magagna,
Perchè non siete voi del mondo spersi?

Che col peggiore spirto di Romagna
Trovai un tal di voi, che per su' opra
In anima in Cocito già si bagna,

Ed in corpo par vivo ancor di sopra.

« Je crois, » dis-je à l'esprit, « que de moi tu veux rire,
Car Branca d'Oria n'est pas mort : il respire,
Il mange, il boit, il dort, il revêt des habits. »

— « On n'avait pas encor vu venir Michel Sanche, »
Répliqua-t-il, « au bolge affreux de Male-Branche (6)
Où bout la poix tenace à l'entour des maudits,

Qu'un diable était entré dans son corps à sa place
Et dans le corps aussi d'un autre de sa race,
Qui fut traître en prêtant au traître son appui.

Mais tends-moi maintenant une main secourable,
Découvre-moi les yeux ! » — Je laissai le coupable,
Et me crus généreux d'être cruel pour lui.

Ah ! Génois, le rebut du monde, race impure,
Que souillent à l'envi le vice et l'imposture,
Comment n'êtes-vous pas au ban de l'univers ?

Avec le pire esprit de Romagne et de Rome,
Tel j'ai vu l'un de vous ; par ainsi de cet homme
L'âme est baignée au Styx pour ses œuvres pervers,

Et son corps semble en vie au-dessus des enfers (7).

NOTES DU CHANT XXXIII.

1. Ugolino de la famille des comtes de la Gherardesca, soutenu par l'archevêque Ruggieri, avait chassé Nino Visconti et gouvernait Pise à sa place. Mais bientôt l'archevêque jaloux de son autorité, répandit sur lui des bruits de trahison; soutenu des Galandi, des Sismondi, des Lanfranchi, il le fit arrêter et enfermer dans une tour avec ses deux fils et deux petits-fils. Quelque temps après, il vint lui-même fermer la porte de la tour, en jeta les clefs dans l'Arno, et les prisonniers périrent de faim.

2. Gorgone et Capréa, deux îles à l'embouchure de l'Arno.

3. Albéric de' Manfredi de l'ordre des frères Joyeux, brouillé avec des frères de son ordre, feignit de vouloir se réconcilier et les invita à un banquet. A un signal convenu, au moment où l'on apportait les fruits sur la table, il les fit égorger.

4. Du nom de Ptolémée, qui trahit son hôte Pompée.

5. Branca d'Oria, de Gênes, assassina Michel Sanche, son beau-frère et son hôte sans doute.

6. *Male branche*, Griffes maudits, voir le chant XXII, où il est question de ce Michel Sanche. — Ainsi, au dire du poète, l'ombre de Michel Sanche n'était pas encore arrivée au gouffre des prévaricateurs, que déjà l'âme traîtresse de son assassin était précipitée dans la *Ptolémée*.

7. Cette fiction saisissante du poète produisit un si terrible effet qu'Albéric et Doria furent, dit-on, contraints de s'expatrier.

ARGUMENT DU CHANT XXXIV.

Le Giudecca, zone de Judas, quatrième et dernière division du neuvième et dernier cercle, séjour des traîtres envers leurs bienfaiteurs. La glace les recouvre tout entiers. Au centre du glacier, le centre aussi de l'univers, se tient Lucifer. Description de l'ange déchu. Il a triple visage et dans chacune de ses trois gueules il dévore un traître : Brutus et Cassius les ingrats assassins de César, et Judas le déicide. Les deux poètes sortent de l'enfer.

CANTO TRENTESIMOQUARTO

Vexilla Regis prodeunt inferni
Verso di noi : però dinanzi mira,
Disse 'l maestro mio, se tu 'l discerni.

Come quando una grossa nebbia spira,
O quando l' emisperio nostro annotta,
Par da lungi un mulin che 'l vento gira,

Veder mi parve un tal edificio allotta :
Poi per lo vento mi ristrinsi retro
Al duca mio ; che non v' era altra grotta.

Già era (e con paura il metto in metro)
Là dove l' ombre tutte eran coverte,
E trasparean come festuca in vetro.

CHANT TRENTE-QUATRIÈME.

« Avec ses étendards le roi d'Enfer s'avance !
Cria soudain mon maître ; à travers la distance
Tâche aussi de le voir, et regarde en avant ! »

Comme au loin, quand la brume assombrit l'atmosphère,
Ou bien lorsque la nuit couvre notre hémisphère,
On croit voir un moulin agité par le vent :

Tel m'apparut au loin un bâtiment mobile.
Le vent soufflait si fort, que derrière Virgile
Je courus me blottir : seul refuge en ce val.

Nous étions, je l'écris en tremblant, à la place
Où chaque ombre couverte en entier par la glace
Semblait comme un fétu resté dans un cristal.

Altre stanno a giacere, altre stanno erte
Quella col capo, e quella con le piante :
Altra com' arco il volto a' piedi inverte.

Quando noi fummo fatti tanto avante,
Ch' al mio maestro piacque di mostrarmi
La creatura ch' ebbe il bel sembiante,

Dinanzi mi si tolse, e fè restarmi :
Ecco Dite, dicendo, ed ecco il loco,
Ove convien che di fortezza t' armi.

Com' i' divenni allor gelato e fioco,
Nol dimandar, Lettor, ch' i' non lo scrivo,
Però ch' ogni parlar sarebbe poco

I' non mori', e non rimasi vivo :
Pensa oramai per te, s' hai fior d'ingegno.
Qual io divenni d' uno e d' altro privo.

Lo 'mperador del doloroso regno
Da mezzo 'l petto uscia fuor de la ghiaccia :
E più con un gigante i' mi convegno,

Che i giganti non fan con le sue braccia :
Vedi oggimai quant' esser dee quel tutto,
Ch' a così fatta parte si confaccia.

CHANT XXXIV.

Les unes sont gisant, d'autres debout dressées,
Tête en haut, tête en bas, et jambes renversées,
D'autres figurent l'arc, pieds et front se touchant.

Quand nous fûmes assez avant, et que mon maître
Crut le moment venu de me faire connaître
Cet être que le ciel avait fait si charmant,

Il s'écarte de moi, s'arrête et dit : « Demeure,
Tu vas voir Lucifer ! voici l'endroit et l'heure
Où de tout ton courage il est bon de t'armer. »

Oh ! comme à ce moment mon angoisse fut vive !
Lecteur, n'exige pas que je te la décrive ;
Tout ce que je dirais ne pourrait l'exprimer.

Presque mort, de mes sens j'avais perdu l'usage.
Tu peux d'après cela te former une image
De ce que je devins, n'étant mort ni vivant.

Le monarque abhorré du douloureux royaume
Sortait hors du glacier son sein : hideux fantôme !
J'aurais atteint plutôt la taille d'un géant,

Qu'un géant de son bras n'eût atteint la mesure.
Jugez dans son entier ce qu'était sa stature
D'après cette longueur d'un morceau de son corps.

S' ei fu sì bel com' egli è ora brutto,
E contra 'l suo fattore alzò le ciglia :
Ben dee da lui procedere ogni lutto.

O quanto parve a me gran meraviglia,
Quando vidi tre facce a la sua testa !
L' una dinanzi, e quella era vermiglia :

L' altre eran due, che s' aggiungéno a questa
Sovr' esso 'l mezzo di ciascuna spalla,
E si giungéno al luogo de la cresta :

E la destra parea tra bianca e gialla :
La sinistra a vedere era tal, quali
Vengon di là ove 'l Nilo s' avvalla.

Sotto ciascuna uscivan duo grand' ali,
Quanto si conveniva a tant' uccello.
Vele di mar non vid' io mai cotali.

Non avén penne, ma di vispristello
Era lor modo : e quelle svolazzava,
Sì che tre venti si movén da ello.

Quindi Cocito tutto s' aggelava :
Con sei occhi piangeva, e per tre menti
Gocciava 'l pianto e sanguinosa bava.

Ah! s'il fut aussi beau qu'il est épouvantable
Et contre son Auteur leva son front coupable,
Il a gagné sa place au centre des remords.

Quelle fut ma stupeur, en voyant que la bête,
O prodige! portait trois faces à sa tête!
L'une, sur le devant, de la couleur du sang,

Deux autres à côté, qui, comme de deux pôles,
S'élevaient du milieu de ses larges épaules;
Toutes trois au sommet du crâne s'unissant.

Le visage de droite était livide et jaune,
L'autre semblait avoir, à la torride zone
Où le Nil se répand, emprunté sa couleur.

Deux ailes s'étendaient dessous chaque figure,
Mesurant sur l'oiseau leur énorme envergure.
Les voiles de la mer enviraient leur hauteur.

Le monstre battait l'air avec ces ailes fauves,
Sans plumes, comme on voit celles des souris-chauves.
Trois vents s'en échappaient et soufflaient furieux,

Et tout autour de lui se gelait le Cocyte.
Bavant, suant le sang, cette larve maudite
Versait sur trois mentons les pleurs de ses six yeux.

Da ogni bocca dirompea co' denti
Un peccatore a guisa di maciulla,
Sì che tre ne facea così dolenti.

A quel dinanzi il mordere era nulla,
Verso 'l graffiar, che tal volta la schiena
Rimanea de la pelle tutta brulla.

Quell' anima là su ch' ha maggior pena,
Disse 'l maestro, è Giuda Scariotto,
Che 'l capo ha dentro, e fuor le gambe mena.

De gli altri duo ch' anno 'l capo di sotto,
Quei che pende dal nero ceffo, è Bruto:
Vedi come si storce, e non fa motto

E l' altro è Cassio, che par sì membruto.
Ma la notte risurge, e oramai
E' da partir, che tutto avém veduto.

Com' a lui piacque, il collo gli avvinghiai;
Ed ei prese di tempo e luogo poste:
E quando l' ale furo aperte assai,

Appigliò se a le vellute coste:
Di vello in vello giù discese poscia
Tra 'l folto pelo e le gelate croste.

CHANT XXXIV.

Ses dents en même temps broyaient dans chaque gueule
Un pécheur, l'écrasant comme un grain sous la meule :
Ils étaient ainsi trois à la fois torturés.

Pour celui de devant, c'était peu des morsures.
Les griffes lui faisaient de bien autres blessures.
La peau des chairs pendait sur ses flancs déchirés !

« Cette âme, dont, là-haut, plus cruelle est la peine,
Dit mon maître, celui qui si fort se démène,
La tête au fond, le corps au dehors, c'est Judas.

Cette autre suspendue à la figure noire,
Et qui, la tête en bas, pend hors de la mâchoire,
C'est Brutus : il se tord, mais il ne parle pas.

Et l'autre qui paraît si membrue, autre traître :
Cassius ! mais la nuit commence à reparaître ;
Il est temps de partir, car nous avons tout vu. »

Alors, suivant son ordre, à son cou je m'enlace.
Lui, saisissant à point et l'instant et la place,
— Lucifer ouvrant l'aile —, à son râble velu

Il s'attache, et, glissant tout le long de sa taille,
De crins en crins descend, comme d'une muraille,
Entre l'étang de glace et l'épaisse toison.

Quando noi fummo là dove la coscia
Si volge appunto in sul grosso de l'anche,
Lo duca con fatica e con angoscia

Volse la testa ov'egli avea le zanche,
E aggrappossi al pel come uom che sale,
Sì che in inferno i' credea tornar anche.

Attienti ben, che per cotali scale,
Disse 'l maestro ansando com' uom lasso,
Conviensi dipartir da tanto male.

Poi uscì fuor per lo foro d'un sasso,
E pose me in su l'orlo a sedere:
Appresso porse a me l'accorto passo.

I' levai gli occhi, e credetti vedere
Lucifero com' i' l'avea lasciato,
E vidili le gambe in su tenere.

E s'io divenni allora travagliato,
La gente grossa il pensi che non vede
Qual era il punto ch' i' avea passato.

Levati su, disse 'l maestro, in piede:
La via è lunga e 'l cammino è malvagio,
E già il sole a mezza terza riede.

CHANT XXXIV.

Quand nous fûmes venus à l'endroit où la hanche
Tourne à point sur le gros de la cuisse, il se penche,
Non sans grande fatigue et sans émotion,

A la place des pieds met sa tête, et fait mine
De remonter le long de la pileuse échine.
Je croyais retourner au séjour infernal.

« Tiens-toi bien, dit le maître en reprenant haleine.
C'est par ces échelons, avec immense peine,
Que l'on peut s'éloigner de l'empire du Mal. »

Il passe à ce moment par le trou d'une roche,
Et m'asseyant au bord, près de moi se rapproche
Après m'avoir ainsi fait sortir de l'enfer.

Je levai l'œil, croyant en toute certitude
Retrouver Lucifer dans la même attitude :
Mais je le vis tenant les deux jambes en l'air.

Quel trouble à cet aspect remplit mon âme entière ?
Je le laisse à penser à la foule grossière
Qui n'a pas vu le point que j'avais traversé.

« Allons, mets-toi sur pied ! s'écrie alors le sage,
Car le chemin est rude, et long est le voyage,
Au méridien déjà le soleil a passé. »

Non era camminata di palagio
Là 'v' eravam, ma natural burella
Ch' avea mal suolo, e di lume disagio.

Prima ch' i' de l' abisso mi divella,
Maestro mio, diss' io quando fu' dritto,
A trarmi d' erro un poco mi favella:

Ov' è la ghiaccia? e questi com' è fitto
Sì sottosopra? e come 'n sì poc' ora
Da sera a mane ha fatto il sol tragitto?

Ed egli a me: tu immagini ancora
D' esser di là dal centro ov' i' mi presi
Al pel del vermo reo che 'l mondo fora.

Di là fosti cotanto, quant' io scesi:
Quando mi volsi tu passati il punto
Al qual si traggon d' ogni parte i pesi:

E se' or sotto l' emisperio giunto
Ched è opposto a quel che la gran secca
Coverchia, e sotto 'l cui colmo consunto

Fu l' uom che nacque e visse senza pecca:
Tu hai i piedi in su picciola spera
Che l' altra faccia fa de la Giudecca.

CHANT XXXIV.

Certes ce n'était pas la royale avenue
D'un palais éclatant qui s'offrait à ma vue,
Mais plutôt un ravin escarpé, sans lueur.

« Avant de m'arracher de l'Abîme, ô mon maître,
Dis-je, dès que debout je pus me reconnaître,
Réponds-moi, je te prie et tire-moi d'erreur!

Qu'est devenu le lac glacé? Comment le diable
A-t-il la tête en bas? Comment, chose incroyable!
Le jour luit quand le soir est à peine passé? »

« Tu penses être encor par là-bas, dit Virgile,
Au centre où je me pris aux poils du grand reptile
Par qui dans son milieu le monde est traversé.

Tant que je descendais, c'était vrai ; mais, au ventre,
Quand je me retournai, nous dépassions le centre
Où par sa pesanteur tout corps est entraîné. (1)

Nous sommes maintenant sous un autre hémisphère,
L'opposé de celui qui recouvre la terre
Et qui sous son sommet (2) vit périr condamné

L'Homme parfait conçu sans péché de sa mère ;
Et tes pieds sont placés sur la petite sphère
Qui forme le revers de la Giudecca.

25.

Qui è da man, quando di là è sera :
E questi che ne fè scala col pelo,
Fitt' è ancora sì come prim' era.

Da questa parte cadde giù dal cielo :
E la terra che pria di qua si sporse,
Per paura di lui fè del mar velo,

E venne a l'emisperio nostro, e forse
Per fuggir lui lasciò qui il luogo voto
Quella ch' appar di qua, e su ricorse.

Luogo è là giù da Belzebù rimoto
Tanto, quanto la tomba si distende,
Che non per vista, ma per suono è noto

D' un ruscelletto che quivi discende
Per la bucca d' un sasso ch' egli ha roso
Col corso ch' egli avvolge, e poco pende.

Lo duca ed io per quel cammino ascoso
Entrammo a ritornar nel chiaro mondo :
E senza cura aver d' alcun riposo

Là c'est nuit quand ici le soleil étincelle ;
Et celui dont les crins nous ont servi d'échelle
Dans la même posture est encor planté là.

C'est là qu'il est tombé du ciel dans sa disgrâce.
La terre qui d'abord occupait cet espace
Se fit en le voyant un voile de la mer,

Et recula d'horreur jusqu'à notre hémisphère.
D'effroi peut-être aussi, là-bas cette autre terre, (3)
Laissant le vide ici, s'amoncela dans l'air. »

.

Il est dedans l'abîme un lieu distant du Diable
De toute la longueur de sa tombe effroyable. (4)
L'œil ne le perçoit pas, mais il est deviné

Au bruit d'un ruisselet filtrant comme une source
Au travers d'un rocher qu'il creuse dans sa course.
Serpentant à l'entour, doucement incliné.

Par ce chemin secret qu'aucun rayon n'éclaire,
Mon guide m'entraîna vers la région claire ;
Et sans nous arrêter, engagés dans ce lieu,

Salimmo su, ei primo, ed io secondo,
Tanto ch'io vidi de le cose belle
Che porta 'l ciel, per un pertugio tondo:

E quindi uscimmo a riveder le stelle.

FINE.

Nous montâmes tous deux, lui devant, moi derrière.
Enfin par un pertuis au bout de la carrière
J'entrevis les chefs-d'œuvre étalés au ciel bleu,

Et je sortis revoir les étoiles de Dieu. (5)

FIN.

NOTES DU CHANT XXXIV.

1. Dante a eu, on le voit, une idée claire et précise des lois de la gravitation. Quant aux explications cosmographiques qui vont suivre, à celle par exemple des effets produits sur la terre par la chute de Satan, elles procèdent d'une physique assez grossière, il faut en convenir; ce sont d'ailleurs des explications un peu confuses et qui auraient elles-mêmes besoin d'explications; tous les commentateurs du Dante ont cherché à les donner sans répandre sur le texte une parfaite lumière; il est plus facile de saisir l'effet grandiose de cette physique bizarre, que de se rendre un compte exact de chaque détail.

2. Au temps de Dante, on croyait que Jérusalem était située au centre de la terre, par conséquent sous le sommet de l'hémisphère céleste qui la recouvre.

3. Il désigne la montagne du Purgatoire.

4. C'est-à-dire de toute la longueur du puits glacé, ou seulement de la Giudecca, la zone où se tient Lucifer, et non pas sans doute de toute la longueur de l'enfer, comme quelques commentateurs l'ont imaginé.

5. Le texte dit: Et de là nous sortîmes revoir *les étoiles*. Chacune des trois parties dont se compose la divine trilogie du Dante se termine par ce mot: *le stelle*. La nécessité d'une rime masculine m'a forcé d'ajouter quelque chose, et j'ai traduit: « les étoiles de Dieu ». Me voilà à peu près tenu, pour imiter le parallélisme exprès et curieux de mon

modèle, de reproduire cette addition à la fin du Purgatoire et du Paradis, si un jour, encouragé par la bienveillance de la critique et du public dont j'ai déjà reçu des gages, je reprenais ma tâche, et si j'essayais de monter jusqu'au sommet de cette construction gigantesque, de cette cathédrale admirable du moyen âge, qu'on appelle la Divine Comédie.

PARIS. — IMPRIMERIE J. CLAYE ET Cᵉ, RUE SAINT-BENOIT, 7.

www.ingramcontent.com/pod-product-compliance
Lightning Source LLC
Chambersburg PA
CBHW071520160426
43196CB00010B/1585